君군 眞진 教교 宏굉

原文對譯
원문대역

天仙大戒
천선대계

천여년전(千餘年前)에 있었던 천불만조(千佛萬祖)가 함께 하신 천선수계의식(天仙授戒儀式)의 생생한 생방송기록(生放送記錄)。

굉교진인 류수원 찬
宏敎眞人 柳守元 撰
묘자적화 허호정 역
妙自寂華 許好廷 譯

圖書出版 **Baikaltai House**

極立天継
극립천계

天仙二祖宏教眞君
천선이조굉교진군

目次 목차

① 韓國版 序文 한국판 서문 .... 七

② 三壇圓滿天仙大戒略說 삼단원만천선대계략설
　삼단원만(三壇圓滿) 천선대계(天仙大戒) 략설(略說) .... 二一

③ 元始天尊說天仙無極大戒曰 원시천존설천선무극대계왈 .... 二五

④ 元始天尊說無上內秘眞藏經云 원시천존설무상내비진장경운 .... 四六

⑤ 洞玄靈寶業報因緣經 동현령보업보인연경 .... 四八

⑥ 太上虛皇四十九章經云 〈태상허황사십구장경운〉 ……… 四九

⑦ 洞玄靈寶因緣經云 〈동현령보인연경운〉 ……… 五四

⑧ 洞玄靈寶三元無量壽經（十條大願） 〈동현령보삼원무량수경 십조대원〉 ……… 五五

⑨ 太上十二品法輪勸戒經云 〈태상십이품법륜권계경운〉 ……… 六五

⑩ 洞玄靈寶千眞科戒云 〈동현령보천진과계운〉 ……… 六六

⑪ 靈寶元陽妙經云 〈령보원양묘경운〉 ……… 六七

⑫ 玉皇本行集經云 〈옥황본행집경운〉 ……… 六七

⑬ 碧玉眞宮大戒規 〈벽옥진궁대계규〉 ……… 六九

四

⑭ 戒律訣文經云 _{계률결문경운}	一七〇
⑮ 太微靈書紫文仙眞忌記上經云 _{태미령서자문선진기기상경운}	一七五
⑯ 靈寶大乘妙法蓮華眞經內云 _{령보대승묘법련화진경내운}	一七八
⑰ 孚佑帝君十戒 _{부우제군십계}	一八〇
⑱ 玉光普照天尊碧玉眞宮大戒規 _{옥광보조천존벽옥진궁대계규}	一八二
⑲ 天皇密咒 _{천황밀주}	二〇八
⑳ 太上常清常靜眞經 _{태상상청상정진경}	二一三
㉑ 北斗玄靈心咒 _{북두현령심주}	二二二

㉒ 高上玉皇心印妙經 <small>고상옥황심인묘경</small>	二二四
㉓ 除魔心咒 <small>제마심주</small>	二三一
㉔ 警化孚佑上帝純陽呂祖天師心經 <small>경화부우상제순양려조천사심경</small>	二三五
㉕ 無極上咒 <small>무극상주</small>	二四五
㉖ 無極至道沖虛太妙金玉玄經 <small>무극지도충허태묘금옥현경</small>	二五〇
㉗ 孚佑上帝純陽老祖寶誥 <small>부우상제순양로조보고</small>	二六七
부록(附錄) 一。 三壇圓滿天仙大戒略說 (讀經用) <small>삼단원만천선대계략설 독경용</small>	二七一
부록(附錄) 二。 三壇圓滿天仙大戒略說 (原初刊本) <small>삼단원만천선대계략설 원초간본</small>	三三三

六

머리말

천선대계(天仙大戒)는
너무나 소중(所重)한 것이어서
천선대계(天仙大戒)를 수지(受持)하지 않고서는
대단결정(大丹結晶)을 성취(成就)할 수 없고
삼천공과(三千功果)와 팔만세행(八萬細行)을 이룰 수가 없다.
그러므로 수행인(修行人)은
천선대계(天仙大戒)를
수도(修道)의 첫째 조목(條目)으로 삼는 것이다.

달마보전(達摩寶典)을 지으신 오진자(悟眞子) 진인(眞人)도
천선대계(天仙大戒)를 수지(受持)하신 분이시다.

달마보전(達摩寶典)은
중국(中國) 도교(道教)의 80퍼센트를 차지하고 있는
전진도(全眞道)에서 전래(傳來)된 보물과 같은 책(册)으로
오교합일(五教合一)에 관(關)한 소중(所重)한 자료(資料)가 담겨있다.

달마보전(達磨寶典)의 저자(著者)인
원지과(苑至果·1187~1276)의 스승은
채강월(蔡江月·1179~1237)이며,

채강월(蔡江月)의 스승은
구장춘(丘長春·1148~1227)이다.

⦿ 원지과(苑至果) 진인(眞人)과
⦿ 채강월(蔡江月) 진인(眞人)은,

그 당시 천하(天下)에 군림(君臨)하던
징기스칸(1162~1227)의 극진(極盡)한 예우(禮遇)를 받았던、

⦿ 구장춘(丘長春) 조사(祖師)와、
같은 시대(時代)
같은 하늘아래에서
같은 시간(時間)을 공유(共有)하고 사셨던
은애(恩愛)로운 스승과 제자(弟子)들로
세 분들은 모두

천선대계(天仙大戒)를 수지(修持)하고
대단(大丹)을 성취(成就)하신
전진도(全眞道)의 기라성(綺羅星) 같은 사관(嗣冠)들이시다.

원지과진인(苑至果眞人)은
스승을 만나 현미밀지(玄微密旨)를 전수(傳授)받고
혼속(混俗)을 단칼에 정리(整理)하고
갈홍산(葛洪山)에 들어가 띠 풀로 초막(草幕)을 짓고 살면서
아흔 살(九十歲)에 세상(世上)을 떠날 때까지
갈홍산(葛洪山)을 벗어난 일이 없으며、
평생(平生)을
고사리만을 꺾어 먹으며
나무로 옷을 해 입고 사신 분이다。

구장춘조사(丘長春祖師)는
발원문(發願文)을 목걸이로 새겨 목에 걸고
손으로 항상 만지며 쓰다듬고 다니면서、
내가 이 서원(誓願)을 어기면

지옥(地獄)에 들어가
다시는
지옥(地獄)에서 나오지 않겠다 하며 맹서(盟誓)하였다.

채강월진인(蔡江月眞人)은
계법(戒法)을 수지(修持)하는 것이
마치
추상(秋霜)과 같았다고 기록(記錄)이 전(傳)한다.

지금 한국어(韓國語)로 번역(飜譯)되는 천선대계(天仙大戒)는,

천여년전(千餘年前)에
천불만조(千佛萬祖)를 모시고
천선수계의식(天仙授戒儀式)을 치르던 현장(現場)을
생생하게 기록(記錄)한
생방송(生放送) 중계자료(中繼資料)라 할 수 있는
지금은 볼 수 없는 아주 중요(重要)한 장면(場面)이다.

천선대계(天仙大戒)는

초진계(初眞戒)와 중극령문(中極靈文)을 받은 후(後)에나
수지(修持)가 허락(許諾)되는
아주 엄중(嚴重)한 것으로
삼계(三界)를 뚫을 수 있는 정절(貞節)을 가진
인간계(人間界)에서 가장 잘나고
가장 수승(殊勝)한
신사(紳士)와 숙녀(淑女)가 올릴 수 있는
계법(戒法) 가운데서
가장 뛰어난 계상(戒相)의 최고(最高)의 결정판(決定版)이다.

천선대계(天仙大戒)는
무극(無極)으로
통(通)하는
유일문(唯一門)이며 무상묘문(無上妙門)이라고 한다.

천선대계(天仙大戒)에는
총(總)
이십칠종법(二十七種法)이 있는데
수지(修持)하는 공덕(功德)은

너무 커서 어떻게 헤아릴 수가 없다고 적시(摘示)하였다.

천선대계(天仙大戒)에서는

이십칠종법(二十七種法)을 다음과 같이 설명(說明)하고 있다.

1 원신행법(遠身行法)
2 리구과법(離口過法)
3 제악상법(諸惡想法)
4 발체근법(拔逮根法)
5 절성색법(絶聲色法)
6 검애욕법(儉愛慾法)
7 방완습법(放翫習法)
8 세구예법(洗垢穢法)
9 무혼혹법(無昏惑法)
10 불음상법(不淫想法)
11 불의공법(不疑空法)
12 평호추법(平好醜法)
13 불사환법(不邪還法)
14 상주무법(常住無法)

15 절심상법(絶心想法)
16 습실의법(習悉意法)
17 선방언법(善防言法)
18 불란전법(不亂轉法)
19 불오념법(不悟念法)
20 불피념법(不彼念法)
21 불유상법(不悠想法)
22 무상정법(無常定法)
23 무상적법(無常的法)
24 무상고법(無常顧法)
25 불추회법(不追懷法)
26 무유예법(無猶豫法)
27 인불가인법(忍不可忍法)

이상(以上)과 같은
이십칠종법(二十七種法)의 매조(每條)마다 각각(各各)을
다음과 같이 열 가지 종류(種類)로 분류(分類)한다.

1 지혜(智慧)

2 자비(慈悲)
3 함인(含忍)
4 행공(行功)
5 수심(修心)
6 선업(善業)
7 정진(精進)
8 식신(飾身)
9 견정(遣情)
10 보심(普心)

이상(以上)과 같이 분류(分類)함으로

이백칠십종계법(二百七十種戒法)이 된다.

이 이백칠십종계법(二百七十種戒法)을 수지(修持)함으로

무량지혜(無量智慧)가 생기고
무량선인(無量善因)이 불어나며
무량업장(無量業障)이 없어지며
무량번뇌(無量煩惱)가 소멸(消滅)하며
무량수산(無量數算)이 늘어나며

무량복전(無量福田)이 자라난다 하였다.

지금 중국(中國) 도교(道敎)의 팔십(八十) 퍼센트를 차지하고 있는 전진도(全眞道)의 옛 규정(規定)에는

천선대계(天仙大戒)를 받은 사람을

묘도사(妙道師)라고 존칭(尊稱)하였다.

천선대계(天仙大戒)를 받지 않은 사람은

전교본사(傳敎本師)가 될 수 없었다.

옛날에는 매년(每年)

정월(正月) 십오일(十五日)

칠월(七月) 십오일(十五日)

십월(十月) 십오일(十五日)에

단(壇)을 열고

전계(傳戒) 수계식(受戒式)이 있었으며,

천선대계(天仙大戒)를 받은 후(後)에는

일백일간(一百日間)의 혹독(酷毒)한 연발(演鉢)의 행지수련(行持修鍊)을 거쳤다.

그러나,

요즘에는

계상(戒相)을 잘 아는 사람이 없고,

계(戒)를 주는 법사(法師)나

계(戒)를 받는 사람이나

서로가

계(戒)가 무엇을 뜻하는지조차 모르니 다만 안타까울 따름이다.

더러는

중국(中國)에까지 가서 계(戒)를 받았다고 하는 사람이

계(戒)를 받았다고 말하면서도

짐승들도 먹지 않는 냄새나는 풀을 고개를 돌려 피할 줄도 모르고

뿐만 아니라

남의 살덩이인

짐승의 시체(屍體)를 불고기로 태워 먹거나 부글부글 끓여 먹으며

삼계(三界)를 이끄는
선지식(善知識)이라고 그럴 듯하게 변장(變裝)을 하고
천진난만(天眞爛漫)한 사람들을 속여
눈을 멀게 하고
천당(天堂)과 지옥(地獄)을 분간(分揀) 하지 못하게 만드는 것을
더러
이따금씩 보게 된다.

참으로 안타깝고
참담(慘憺)한 일이 아닐 수 없다.

여러 계경(戒經)에서
모두 언급(言及)하고 있는 것처럼,
오훈채(五葷菜)와 육식(肉食)을
아무 거리낌 없이 오장육부(五臟六腑)에 가득 채우면서
어떻게
선과(仙果)를 얻고 불과(佛果)를 얻겠으며

어떻게 수행(修行)을 한다 하겠으며
어떻게 자손(子孫)의 후대(後代)가 축복(祝福) 받기를 바랄 수 있겠는가?

역자(譯者)는,

업장(業障)이 너무 두터워 땅을 짚고 일어날 힘조차 없는 처참(悽慘)한 몸으로,

감(敢)히 활자(活字)를 더듬거리며 찾아내 천선대계(天仙大戒)를 번역(飜譯)하고 출판(出版)하게 된 것을,

천선이조(天仙二祖)이신 류수원진인(柳守元眞人)에게 죄인(罪人)이 되어 다만 참괴(慙愧)를 느낀다.

천선대계(天仙大戒)의 번역(飜譯)이 진의(眞意)를 어겼을까 하여
진인(眞人)께 다만 용서(容恕)를 빌 뿐이다.

삼청(三淸)과 인연(因緣)이 있고
곱고
깨끗하고
아름답고
청정(淸淨)한 몸을 잘 다듬어
무극(無極)으로 귀환(歸還)하고자 도맥(道脈)을 더듬고 계신,
지란(芝蘭)과 같으신
신사(紳士)、숙녀(淑女) 여러분의 손에
이 보귀한
천선대계(天仙大戒)가 소담스럽게 쥐어져서、
훌륭한 결과(結果)가
모두에게 있으시기를 갈망(渴望)하며 머리말을 쓴다.

자적화(自寂華) 허호정(許好廷) 百拜頓首

② 三壇圓滿天仙大戒略說
삼단원만천선대계략설

삼단원만(三壇圓滿) 천선대계(天仙大戒) 략설(略說)

開玄闡秘宏敎眞君柳守元撰
개현천비굉교진군류수원찬

현문(玄門)을 열고 억겁(億劫)의 신비(神秘)를 파헤쳐 주신 개현천비(開玄闡秘) 굉교진군(宏敎眞君) 류수원(柳守元) 찬(撰)

登壇儀文如科律
등단의문여과률

등단(登壇) 의식(儀式)에 대(對)한 표문(表文)은 과률(科律)과 같다

正座唱言諸法子等旣受初眞戒律中極靈文更須知有無上
정좌창언제법자등기수초진계률중극령문갱수지유무상

정좌(正座)하고 큰 소리로 말한다.
여러 법자(法子)들이
이미

초진계률(初眞戒律)과 중극령문(中極靈文)을 받았다면

妙門飛昇寶筏曰天仙大戒往古聖眞莫不由此以登碧漢深

묘문비승보벌왈천선대계왕고성진막불유차이등벽한심

응당(應當)히
천계(天界)로 들어가는
무상묘문(無上妙門)이 있다는 것을 알아야 할 것이다.

보벌(寶筏)에서 말하였다.
천선대계(天仙大戒)는
옛날부터 성진(聖眞)들께서
이를 받지 않고는 하늘(碧漢)에 오른 이가 없었고

契天心秘合元始若能神志皈誠棲眞大道頓入無極直超名

계천심비합원시약능신지귀성서진대도돈입무극직초명

이 천선대계(天仙大戒)를 받지 않고는
천심(天心)에도 동화(同化)해 갈 수 없었고
원시(元始)의 개벽신비(開闢神秘)와도 일체(一體)를 이룰 수 없었다.

만약(萬若)에
특별(特別)한 신지(神志)가 있어 지성(至誠)을 다해 귀의(歸依)하여
진실(眞實)로 대도(大道)에 다가서면
눈 깜짝할 사이에
무극(無極)에 들어가게 될 것이다.

相在塵寰中脫然無染如日月光明如江河浩渺如風雲輕便
상재진환중탈연무염여일월광명여강하호묘여풍운경편

곧바로 티끌세상(塵寰)의 명상(名相)을 초월(超越)하고
티끌세상을 벗어나 두 번 다시 티끌에 물들지 않기를
마치
해와 달의 광명(光明)과 같이 하고
마치
강하(江河)와 같이 아득히 멀리 뻗어나가고
마치
풍운(風雲)과 같이 허공(虛空)에 걸림 없고

如天地奠安是謂戒無不戒不戒乃戒戒無所戒乃爲眞戒久
久持行同乎自然泯於迹象入元始珠得大羅果形神俱妙與

마치
천지(天地)가 빈틈없이 편안(便安)하게 자리를 잡는 것과 같이 하면
계(戒)가 계(戒) 아닌 것이 없고
계(戒)가 아닌 것이 바로 계(戒)이며
계(戒)라고 할 바도 없는 것이 바로 진계(眞戒)일진대

이 진계(眞戒)를
오래오래 지키고 행(行)하여 자연(自然)과 동화(同化)하면
어떠한 자취나 흔적(痕迹)도 모두 지워져
원시천(元始天)에 들어가
대라(大羅)의 천선과(天仙果)도 얻고
영혼(靈魂)과 육체(肉體)의 결정체(結晶體)인
형신구묘(形神俱妙)가 이루어져

道合眞昔有遞傳
도합진석유체전

도(道)와 진상(眞常)과 합(合)하게 될 것이다.
이와 같은 말은
옛적에서부터 지금까지 전(傳)해져 내려온 말이다.

③ 元始天尊說天仙無極大戒曰
원시천존설천선무극대계왈

원시천존(元始天尊)께서
천선무극대계(天仙無極大戒)를 설(說)하실 때 말씀하셨다.

爾時
이시
그 때

元始天尊在寶華林中九蓮座上與諸天尊諸天聖衆及諸天
원시천존재보화림중구련좌상여제천존제천성중급제천

원시천존(元始天尊)께서

二五

寶華林中 九蓮蓮華座에 앉으셔서

여러 天尊과

諸天의 聖衆과

龍鬼神說無始妙道時座中有一眞人名曰無戒從座中起頫

여러 天龍鬼神에게

無始妙道를 說하고 계셨다.

그때

座中에 한 眞人이 있었는데 이름을 無戒라고 하는 그 眞人이 座中에서 일어나

願作禮執簡長跪上白

머리를 조아리며 절을 올린 뒤

簡을 쥐고 꿇어앉아서 말씀을 올렸다.

天尊曰自開化以來未曾聞此妙道今聆

慈音肺腑清涼大生解悟但學道之士戒行修持初眞中極皆

천존(天尊)께서 천지개벽(天地開闢)을 하신 이래(以來)
이와 같은 오묘(奧妙)한 말씀을 들어본 적이 없사온데
오늘에서야
자비(慈悲)하신 복음(福音)을 듣사오니
마음 깊은 속 까지 상쾌(爽快)해지면서 크게 깨치게까지 되었나이다.
그러나
도(道)를 배우는 사람들이
계법(戒法)을 행(行)할 때에
초진계(初眞戒)나
중극령문(中極靈文)을 수지(修持)한다는 말은 들은 바가 있사오나

有可聞獨於天仙大戒曾未聞說未知有何道法臻此地位惟

유가문독어천선대계증미문설미지유하도법진차지위유
유독(惟獨)
천선대계(天仙大戒)에 대(對)해서만은
말씀하시는 것을 아직까지 들어본 적이 없사온데

어떤 도법(道法)이
이런 지위(地位)에 까지 올라가게 할 수 있는지

望 망

알려주소서!

天尊大聖爲衆宣說
천존대성위중선설

천존대성(天尊大聖)께서
모인 대중(大衆)들을 위(爲)하여 말씀하셨다.

天尊曰汝大因緣當得聞此汝宜復座靜默安神吾當爲汝說
천존왈여대인연당득문차여의복좌정묵안신오당위여설

천존(天尊)께서 말씀하시기를
그대들은 일대사인연(一大事因緣)이 있어서
천선대계(天仙大戒)를 듣게 되었다.
그대들은 응당(應當)히 앉아서
정묵(靜默)하고 정신(精神)을 가다듬으라.

此妙戒
차묘계

내가 그대들을 위(爲)하여

천선(天仙)의 아름다운 묘계(妙戒)를 설(說)할 것이다.

天尊曰道無二上仙有九品一曰混元無始金仙一曰洞元太
천존왈도무이상선유구품일왈혼원무시금선일왈동원태

천존(天尊)께서 말씀하셨다.

도(道)는 둘이 없고 오직 하나지만

상선(上仙)에는 아홉 가지 구품(九品)이 있나니라.

그 하나가 혼원무시금선(混元無始金仙)이며

그 하나가 동원태초금선(洞元太初金仙)이며

初金仙一曰靈元造化眞仙人世修証則有天仙地仙水仙神
초금선일왈령원조화진선인세수증칙유천선지선수선신

그

하나가 령원조화진선(靈元造化眞仙)이니라.

仙人仙鬼仙及諸旁門異類凡有性靈莫不成眞無始之始太

선인선귀선급제방문이류범유성령막불성진무시지시태

천선(天仙)
지선(地仙)
수선(水仙)
신선(神仙)
인선(人仙)
귀선(鬼仙)

그리고
여러 좌도방문(左道旁門)의 다른 류형(類形)이 있다.
무릇
성령(性靈)이 있으면 진인(眞人)을 이루지 못할 바가 없다.
무시(無始)가 처음 시작(始作)할 때
그리고

인간세상(人間世上)에서 수행(修行)하여 증득(證得)한 자(者)로는

初之初無戒可戒無律可律自造化淘鎔陰陽闔闢淸濁立判

태초(太初)가 맨 처음 문(門)을 연 초(初)에는
계(戒)가 없었으나
가(可)히 계(戒)가 있는 것과 마찬가지였고
률(律)이 없었으나
가(可)히 률(律)이 있는 것과 마찬가지였다.
스스로 조화(造化)가 일어나 걸러내고 용해(鎔解)하고
음양(陰陽)이 닫히고 열리며 합벽(闔闢)을 하고
청탁(淸濁)이 서로 각각 나누어져 분리(分離)되고

動靜應機金丹之妙實由此基功深九轉天闕高躋是名上仙

동정(動靜)이 수시(隨時)로 때에 맞추어 반응(反應)하니
금단(金丹)의 아름다운 작용(作用)은
실(實)로
이러한 것을 기초(基礎)로 이루어진 것이다.
공(功)이 구전(九轉)까지 깊어져서 천궐(天闕)에 오르면

이러한 사람을 상선(上仙)이라고 부르는 것이다.

何戒何持然人每由情慾相交登眞無路終始迷昧不能解脫

하계하지연인매유정욕상교등진무로종시미매불능해탈

계(戒)란 어떤 것인가?

또한

어떻게 계(戒)를 지켜야 하는가?

사람들은 늘 정욕(情慾)에 눈이 멀고 얽매여

진인(眞人)의 길에 오르려 해도 길이 없어

끝내는

미혹(迷惑)에 빠지고 캄캄해져 해탈(解脫)할 수가 없게 되는 것이다.

有志之士須破此塵網皈誠學道斷諸邪障淸淨六根當由初

유지지사수파차진망귀성학도단제사장청정륙근당유초

그러므로

도(道)에 뜻을 둔 유도지사(有道志之士)라면

모름지기

이러한 티끌세상(世上)의 그물망을 뚫고 나와서

성심(誠心)을 다해 배우고 도(道)에 귀의(歸依)하여

여러 가지 사악(邪惡)한 장애물(障碍物)을 박살(搏殺)내고
육근(六根)을 청정(淸淨)하게 하여
응당(應當)히

眞中極戒律謹愼修行至天仙大戒心地光明德充道極無戒

초진계(初眞戒)나 중극계율(中極戒律)을 시작(始作)으로
근신(謹愼)하면서 수행(修行)하여
천선대계(天仙大戒)에까지 이르러
심지(心地)는 광명(光明)해지고
덕(德)은 가득 충만(充滿)해지고
도(道)가 극점(極點)에 닿으면

可說無律可持汝今旣問當爲汝說

가설무률을 가지여 금기문당위여설
계(戒)가 없고
률(律)이 없다고 말하여도
계(戒)와 률(律)을 지키고 있다 할 것이다.

그대가 지금 물었으니 그대에게 말하겠다.

偈曰

게(偈)로 이른다.

眞心淸靜道爲宗　譬彼中天寶月同
진심청정도위종　비피중천보월동

진심(眞心)과 청정(淸靜)은 도(道)의 근본(根本)이다
비유하건대 중천(中天)에 떠있는 보배 달과 같도다.

淨掃迷雲無點翳　一輪光滿太虛空
정소미운무점예　일륜광만태허공

흐린 구름 깨끗이 쓸어버려 한 티끌만큼도 그림자가 없으면
한 둥근 광명(光明) 온 허공(虛空)에 가득 차 흘러넘치리.

諸法子一切氣質習染是迷雲翳性一切殺盜淫妄是迷雲翳
제법자일체기질습염시미운예성일체살도음망시미운예

性一切貪嗔癡愛是迷雲翳性乃至一念一時不知不覺是迷

일체탐진치애시미운예성내지일념일시불지불각시미

일체(一切) 탐진치애(貪嗔癡愛)도
이 시커먼 먹구름이 본성(本性)을 덮고 가려 생긴 것이다.

일체(一切) 살도음망(殺盜淫妄)도
이 시커먼 먹구름이 본성(本性)을 덮고 가려 생긴 것이다.

일체(一切) 기질(氣質)은
나쁜 습관(習慣)이 물들어 생긴 것인데
이는
시커먼 먹구름이 본성(本性)을 덮고 가린 것이다.

또는
한 생각 한 순간(瞬間)도
자기가 도대체 누군지도 모르겠고
자기가 자기를 자기 마음대로 할 수 없는 것은
이 시커먼 먹구름이 본성(本性)을 덮고 가렸기 때문이다.

雲翳性乃至著於有求斷於無法是迷雲翳性乃至著境著念

이 시커먼 먹구름이 본성(本性)을 덮고 가렸기 때문이다.

그리고
갈구(渴求)하며 애착(愛着)하는 것을 끊으려하여도
어찌할 방법(方法)이 없는 것은
이 시커먼 먹구름이 본성(本性)을 덮고 가렸기 때문이다.

著心是迷雲翳性端須廓然無量得大總持妙相圓明光逾慧

또한
아리송한 경계(警戒)에 매달리고
오만가지 잡념(雜念)에 매달리고
심란(心亂)한 마음에 꺼둘리는 것은
이 시커먼 먹구름이 본성(本性)을 덮고 가렸기 때문이다.

단연(端然)히 떨쳐 일어나
모름지기
곽연무성(廓然無聖)의 무량(無量)한 경지(境地)에 들면

日是曰金丹是曰玄宰是曰天仙大道妙合佛乘彼世人以禪

일 시 왈 금 단 시 왈 현 재 시 왈 천 선 대 도 묘 합 불 승 피 세 인 이 선

대총지(大總持)를 얻어
묘상(妙相)도 갖추고
모서리도 없이 두루두루 밝아지고
빛이 찰랑거리며 얼비치는 세상(世上)도 뛰어넘고
지혜(智慧)는 해와 같아져 헤아리지 못할 것이 없고 하는
그러한 것을
금단(金丹)이라 하고
그러한 것을
현재(玄宰)라 하고
그러한 것을
천선(天仙)이라 한다.
세상 사람들이
묘(妙)하게 대도(大道)를 불승(佛乘)과 섞어가지고
공법(空法)이라고 하며 선(禪)이라고들 한다.

爲空靈陰而不陽是未知眞禪之道五陰淨盡亦猶世禪和自

위공령음이불양시미지진선지도오음정진역유세선화자

령성(靈性)이 음산(陰散)하여 양(陽)을 발산(發散)하지 못하면

그것은

진짜 참선(參禪)의 도리(道理)를 모르는 것이다.

오음(五陰)을 깨끗이 쓸어 없앴다 해도

이 또한

세선(世禪)·세대전수·선위상전수야(世代傳授·禪謂相傳授也)과

자기(自己) 자신(自身)이 그 근본(根本)에 어두워

昧其宗輒斥道門爲守屍鬼妄引楞嚴十種外道爲修道法門

매기종첩척도문위수시귀망인릉엄십종외도위수도법문

늘상 수시귀(守屍鬼)나 지키고 앉아 도문(道門)을 배척(排斥)하며

릉엄(楞嚴)에서

십종외도(十種外道)를 망령(妄靈)되이 마구 인용(引用)하여

수도법문(修道法門)의 법칙(法則)으로 삼고 있는데

豈知三淸妙法渾合禪玄萬聖萬眞祇此一事諸法子你道這

이들이
삼청묘법(三淸妙法)이
선현(禪玄)과 혼합(渾合)된 것을 어찌 알 것이며
만성(萬聖)과 만진(萬眞)의 일대사(一大事)가
모두 이곳에서 일어난 것임을 어찌 알겠는가?

여러 법자(法子)들은 말해 보라.

事是甚麼事是身心非身心是性命非性命是功修非功修語

이 신심(身心)은 신심(身心)이 아니고
이 성명(性命)은 성명(性命)이 아니고
이 공수(功修)는 공수(功修)가 아니다.

저러한 일들이 도대체 어떠한 일인지를!

言道斷惟證乃知圓滿菩提眞無所得賴我

언도단유증내지원만보제진무소득뢰아

언어도단(言語道斷)이다. 오직 증득(證得)만 있을 뿐이에 원만(圓滿)과 보리(菩提)와 진상(眞常)을 알아라. 다른 것에 의(依)해서는 아무것도 얻을 수 없다.

나,

三淸道祖

삼청도조

삼청도조(三淸道祖)와

玉帝至尊

옥제지존

옥제지존(玉帝至尊)과

五老四御
오로사어(五老四御)와

九極十華以及
구극십화(九極十華)와

그리고,

古聖高眞遞傳妙道肇啓我
고성고진(古聖高眞)들께서 서로가 서로에게 전(傳)해 주셔서 묘도(妙道)가 펼쳐지게 되었고,

나、

東華始祖

동화시조(東華始祖)와

正陽帝師幸逮

정양제사(正陽帝師)에게까지
다행(多幸)스럽게도 진전(眞傳)이 미쳤고、

天仙初祖孚佑帝君得啓南北宗派南五宗顯神通於得道之

천선초조부우제군득계남북종파남오종현신통어득도지
천선초조(天仙初祖) 부우제군(孚佑帝君)은
남북종파(南北宗派)를 개척(開拓)하여 계도(啓導)하였으며、
남오종(南五宗)의 뚜렷한 신통(神通)은
도(道)를 얻은 후(後)에

後其始實刻苦功修北七宗打塵勞於成道之日其志自始終

후기시실각고공수북칠종타진로어성도지일기지자시종

비로소 뼈를 깎는 각고(刻苦)의
공부(工夫)와 수련(修鍊)에 의(依)해 얻어진 결과(結果)이다.

북칠종(北七宗)은
인간세상(人間世上)의 모든 진로(塵勞)를 때려 쳐부수고
성도(成道)하는 날까지 그 의지(意志)를 시종(始終)으로 삼아

無懈成就歸宿各有遲速頓漸支流派演無須別戶分門近來

게으름 없이 견지(堅持)하여 성과(成果)를 이룬 것이다.

귀착점(歸着點)에 있어서는
더딤과 빠름이 있고
돈수(頓修)와 점수(漸修)가 있고
지류(支流)에 따라 문파(門派)가 있는 것이지만
도(道)가 연변(演變)해 나감에 있어서
무슨 별호(別戶)와 분문(分門)이 있을 수 있겠는가?

出家者多出塵者少煌煌羽士巍巍玄門非特奧秘難窺亦且

근래(近來)에는
출가자(出家者)는 많은데 세속(世俗)을 벗어난 자(者)는 적다.
황황(煌煌)하게 멋들어진 우사(羽士)나
외외(巍巍)하게 압도(壓倒)하는 현문(玄門)은
특별(特別)히 심오(深奧)한 비밀(秘密)이 있는 것도 아니고
엿볼 수 없는 것도 아니며

修持無路我

또한
수지(修持)하려고 하면 길이 없는 것도 아니다.

나,

天仙初祖孚佑帝君屢荷

천선초조(天仙初祖) 부우제군(孚佑帝君)은 여러 차례에 걸쳐

四四

책임(責任)을 짊어지고

三清法勅普濟塵寰千計垂慈百方接引今特命子將天仙大戒秘旨傳示人間以作三壇圓滿功德諸法子一志凝神諦聽昔

삼청법(三清法)의 칙지(勅旨)를 받들어
티끌세상(世上)을 수도 없이 오고가며 널리 제도(濟度)하였고
천만(千萬) 가지의 계획(計劃)을 세워 자비(慈悲)를 베풀었고
백만(百萬) 가지 방책(方策)으로 접인(接引)하였다.
이제
특명(特命)을 받잡고
계비지전시인간이작삼단원만공덕제법자일지응신체청석
천선대계(天仙大戒)의 비지(秘旨)를 전(傳)하고 시현(示顯)하여서
삼단(三壇)이 원만(圓滿)한 공덕(功德)을 만들고자 한다.
여러 법자(法子)들아!
한결같은 지향(志向)으로 정신(精神)을 가다듬고 잘 듣도록 하라。

四五

④ (元始天尊說無上內秘眞藏經云)

元始天尊說無上內秘眞藏經云汝等四衆勤行道戒積漸累功證成道果一切法衆悉是戒行又曰汝等勤行敎化依此大

元始天尊(元始天尊)께서
무상내비진장경(無上內秘眞藏經)을 설(說)하실 적에 말씀하셨다.

그대들 사부대중(四部大衆)은
부지런히 도계(道戒)를 수행(修行)하고
점점(漸漸) 공덕(功德)을 쌓고 또 쌓아
증득(證得)하여 도과(道果)를 성취(成就)하도록 하라.

일체 법중(法衆)들은
모두

四六

이 계법(戒法)을 행(行)하여야 할 것이다.

또한

그대들은 부지런히

수행(修行)하고 교화(敎化)하기를

乘勿生異想卽是方便得入大慧法門功德自在得自在力不

이 대승(大乘)에 의지(依支)할지언정

이상(異常)한 잡(雜)된 상상(想像)을 하지 말라.

이상(異常)한 기류(氣流)에 빠지지 아니하면

곧바로 이 방편(方便)으로

대혜법문(大慧法門)에 들어가는 공덕(功德)을 얻고

자유자재(自由自在)하는 자재력(自在力)도 얻어

生不滅能度衆生滅煩惱業

불생불멸(不生不滅)하게 되고

중생(衆生)들도 능(能)히 제도(濟度)할 수 있어서

번뇌(煩惱)와 업장(業障)도 모두 소멸(消滅)시킬 수 있게 될 것이다.

⑤ (洞玄靈寶業報因緣經)
동현령보업보인연경

洞玄靈寶業報因緣經太上道君言始自發心終於極果念念
동현령보업보인연경태상도군언시자발심종어극과념념

동현령보업보인연경(洞玄靈寶業報因緣經)에서
태상도군(太上道君)께서 말씀하셨다.

스스로 발심(發心)하는 것을 시작(始作)으로 삼고
무극(無極)의 공과(功果)를 성취(成就)하는 것을 끝으로 하라.

不捨持戒不犯上淸有三百觀身戒洞神有七百二十戒玄都
불사지계불범상청유삼백관신계동신유칠백이십계현도

념념(念念)마다 죽을힘을 다해 끊어 안고
목숨처럼 계(戒)를 지켜라.
절대로

계(戒)를 범(犯)하지 말라.

상청(上淸)에는
삼백관(三百觀)의 신계(身戒)가 있는데,

동신부(洞神府)에
칠백이십계(七百二十戒)가 있고

률문천존유천이백위의계
律文天尊有千二百威儀戒

또
현도률문(玄都律文)이 있으며,

천존부(天尊府)에는
천이백위의계(千二百威儀戒)가 있나니라.

⑥ 태상허황사십구장경운
(太上虛皇四十九章經云)

태상허황사십구장경(太上虛皇四十九章經)에서 말하였다.

재계(齋戒)란

도(道)의 근본(根本)이며

법(法)을 실어 나르는 나룻배이다.

道清齋奉戒念念正眞邪妄自泯 ○ 又云割嗜欲根入清淨境

도(道)를 배우고자 하는 사람은

고기나 술이나 파 마늘을 먹지 않는 청재(清齋)를 하고

계법(戒法)을 받들며

념념(念念)마다 정진(正眞)이 묻어나면

사악(邪惡)함과

망령(妄靈)됨은 제 풀에 꺾여 스스로 사라질 것이다.

또 이르기를,

나쁜 습관(習慣)과 탐욕(貪欲)의 뿌리를 잘라버리고

청정(清淨)한 경지(境地)에 들어가면

無作諸苦無造諸惡無生諸見無起諸邪○又云學道之士以
淸淨爲本長齋眇思嘯歌太無覩諸邪道如覩仇讐遠諸愛慾

어떠한 고통(苦痛)고 짓지 않게 되고
어떠한 악업(惡業)도 만들지 않게 되고
어떠한 사견(邪見)도 생기지 않게 되고
어떠한 사악(邪惡)함도 일어나지 못하게 될 것이다.

또 이르기를,
도(道)를 배우는 학도지사(學道之士)는
청정(淸淨)을 본(本)으로 삼고
늘상 채식(菜食)을 하는 장재(長齋)를 지키며
두 눈을 외눈박이로 만드는 정미(精微)로운 묘사(眇思) 속으로 들어가
가슴을 발칵 뒤집어 놓는 어떠한 소가(嘯歌)라도 전혀 본체만체하면,
어떠한 사도(邪道)나 사교(邪敎) 집단(集團)이라도
원수(怨讐)를 보듯 멀리 달아나 버릴 것이고,

如避臭穢除苦惱根斷情愛緣溟溟濁海自得淨戒如白蓮花

어떠한 애욕(愛慾)이라도
악취(惡臭)나 오물(汚物)을 피(避)하듯 할 것이다.

만약(萬若)에
고뇌(苦惱)의 뿌리를 뽑아 제거(除去)시키고
정애(情愛)의 인연(因緣)을 미련(未練)없이 끊어 버리고,

어떻게 돌아가는지
도대체
가닥을 잡을 수 없는 혼탁(混濁)한 바다에서 정계(淨戒)를 얻으면

生淤泥中亭亭出水不受汚染五臟淸夷三田革素

마치
진흙탕 속에서
아름다운 백련화(白蓮花)가 멋들어지게

오염(汚染)에 물들지 않는 것과 같아서,

오장(五臟)은

더할 나위 없이 맑아지고 편안(便安)해지며

삼단전(三丹田)은

바탕을 모두 갈아 엎고 혁신(革新)하게 될 것이다.

穢예

太玄眞人曰與予隣又六根不淨當洗其心心不受垢自無諸
태현진인왈여여린우륙근불정당세기심심불수구자무제

태현진인(太玄眞人)은 말하였다.

내가 이웃과 어울리면서
또한 육근(六根)이 정결(淨潔)하지 못하면
응당(應當)히 그 마음을 깨끗이 씻어야 한다.

마음이 때(垢)를 받아들이지 아니하면

한 더러움도 없게 될 것이다.

⑦ (洞玄靈寶因緣經)

洞玄靈寶因緣經云自三淸以下乃至十方上聖眞仙皆由戒

동현령보인연경(洞玄靈寶因緣經)에서 말하였다.

삼청(三淸)의 아래에서부터
십방(十方) 성진선(聖眞仙)의 위에 이르기까지
모두가 다 계법(戒法)으로 얻어진 것이다.

得○又云衆生飮酒食肉致生病惱彌益罪根更有

또 말하였다.

중생(衆生)들이
분별(分別)없이 술을 마시고

五四

남의 살덩이인
짐승의 시체(屍體)를 먹으므로 온갖 병(病)이 생기고
고뇌(苦惱)할 일만 흘러넘치게 되고
죄(罪)의 뿌리는 더욱 더 굳어지게 될 것이다.

⑧ (洞玄靈寶三元無量壽經。十條大願)
<small>동현령보삼원무량수경 십조대원</small>

洞玄靈寶三元無量壽經諸法子皈命皈神諦聽諦聽爾時
<small>동현령보삼원무량수경제법자귀명귀신체청체청이시</small>

동현령보삼원무량수경(洞玄靈寶三元無量壽經)에서 말하였다.

여러 법자(法子)들아!
목숨을 다 바쳐 귀의(歸依)하고
온 정신(精神)을 다 바쳐 귀의(歸依)하여
마음을 가다듬고 자세(仔細)히 들을지어다.

그 때,

太上道君於三元宮中大會說法衆內有一眞人名曰儀可則

태상도군(太上道君)께서 삼원궁(三元宮)에서 대회(大會)를 열고 설법(說法)을 하고 계셨는데、

대중(大衆) 가운데에

이름을

의가(儀可)라고 하는 한 진인(眞人)이 있었다。

智力無畏從座而起雅步前跪懿論請訣不審一切諸法從何

지력무외종좌이기아보전궤의론청결불심일체제법종하

의가진인(儀可眞人)은 지력(智力)이 있어서

두려움 없이 자리에서 일어나

보기 좋은 걸음으로 몇 발자국 앞으로 걸어 나가

예의(禮儀) 바른 자세(姿勢)로 꿇어 앉아

몇 마디 말씀을 여쭈어 봐도 되겠는지요?

결법(訣法)의 말씀은 자세(仔細)히 알지를 못하겠나이다。

일체제법(一切諸法)이 어디에서 생겨났으며

而生既得生已云何觀行而得成道作是語已儼然而立

법(法)을 얻은 후(後)에는
어떻게 관(觀)하고 행(行)해야 하며
법(法)을 얻어
도(道)를 이루려면 어떻게 해야 하는지요?
말을 마치고
의가진인(儀可眞人)은 단정(端正)하고 정중하게 서 있었다.

太上道君撫几微笑曰夫三界諸法皆從道生若欲求道當修

태상도군(太上道君)께서
앞에 놓인 탁자(卓子)에 손을 얹어 놓으시며
편한 자세로 앉으셔서 미소(微笑)를 지으면서 말씀하셨다.
무릇
삼계제법(三界諸法)은 모두 도(道)에서 생겨난 것이다.
만약(萬若)에
구도(求道)하려면

觀慧觀慧增益漸至常道常道無邊行亦非一子欲知之當一心聽有數十事不可稱量何謂爲數十事

응당(應當)히 관혜(觀慧)를 닦아야 한다.

관혜(觀慧)가 점차(漸次) 더해지고 늘어나면 상도(常道)에 이르게 된다.

상도(常道)란 변두리가 없이 무변(無邊)한 것이며 행(行)하여야 할 것도 하나만 있는 것이 아니다.

그대가 이를 알고자 하면 일심(一心)으로 경청(傾聽)해야 할 것이다.

이 행(行)해야 할 일에 열 가지가 있는데,

이 열 가지는 공덕(功德)이 너무 커서 도저히 헤아릴 수가 없는 것이다.

그렇다면 행(行)하여야 할 열 가지란 어떠한 것인가?

(1)

一者智慧遠身行法不可稱量二者慈悲遠身行法不可稱量
三者含忍遠身行法不可稱量四者行功遠身行法不可稱量
일자지혜원신행법불가칭량이자자비원신행법불가칭량
삼자함인원신행법불가칭량사자행공원신행법불가칭량

⊙ 일자(一者)를
 지혜원신행법(智慧遠身行法)이라 하는데
 이를 행(行)하는 것은
 공덕(功德)이 너무 커서 도저히 헤아릴 수가 없다.

⊙ 이자(二者)를
 자비원신행법(慈悲遠身行法)이라 하는데
 이를 행(行)하는 것은
 공덕(功德)이 너무 커서 도저히 헤아릴 수가 없다.

⊙ 삼자(三者)를
 함인원신행법(含忍遠身行法)이라 하는데
 이를 행(行)하는 것은

- 공덕(功德)이 너무 커서 도저히 헤아릴 수가 없다.

● 사자(四者)를
행공원신행법(行功遠身行法)이라 하는데
이를 행(行)하는 것은
공덕(功德)이 너무 커서 도저히 헤아릴 수가 없다.

五者修心遠身行法不可稱量六者善業遠身行法不可稱量
오자수심원신행법불가칭량육자선업원신행법불가칭량

● 오자(五者)를
수심원심행법(修心遠身行法)이라 하는데
이를 행(行)하는 것은
공덕(功德)이 너무 커서 도저히 헤아릴 수가 없다.

● 육자(六者)를
선업원신행법(業遠身行法)이라 하는데
이를 행(行)하는 것은
공덕(功德)이 너무 커서 도저히 헤아릴 수가 없다.

七者精進遠身行法不可稱量八者飾身遠身行法不可稱量
칠자정진원신행법불가칭량팔자식신원신행법불가칭량

- 칠자(七者)를
정진원신행법(精進遠身行法)이라 하는데
이를 행(行)하는 것은
공덕(功德)이 너무 커서 도저히 헤아릴 수가 없다.

- 팔자(八者)를
식신원신행법(飾身遠身行法)이라 하는데
이를 행(行)하는 것은
공덕(功德)이 너무 커서 도저히 헤아릴 수가 없다.

- 구자(九者)를
견정원신행법(遣情遠身行法)이라 하는데
이를 행(行)하는 것은
공덕(功德)이 너무 커서 도저히 헤아릴 수가 없다.

- 십자(十者)를
보심원신행법(普心遠身行法)이라 하는데
이를 행(行)하는 것은
공덕(功德)이 너무 커서 도저히 헤아릴 수가 없다.

九者遣情遠身行法不可稱量十者普心遠身行法不可稱量

是爲十種遠身行法
시위십종원신행법

이상(以上)과 같은 열 가지 종류(種類)는
걸림 없이 마음을 넓게 펴고
원대(遠大)하게 몸을 다스리는 원신행법(遠身行法)이다.

(2) 太上曰復有十種離口過法不可稱量何等爲十種離口過法
태상왈부유십종리구과법불가칭량하등위십종리구과법

태상(太上)께서
다시
열 가지 종류(種類)의
공덕(功德)이 너무 커서 도저히 헤아릴 수가 없는,
입으로 짓는 죄과(罪過)를 떼 내어 버리는
리구과법(離口過法)에 대(對)하여 말씀하시었다.
어떠한 것을
열 가지 종류(種類)의 리구과법(離口過法)이라 하는가?

一者智慧離口過法不可稱量二者慈悲離口過法不可稱量
일자지혜리구과법불가칭량이자자비리구과법불가칭량

⊙ 일자(一者)를
지혜리구과법(智慧離口過法)이라 하는데
이를 행(行)하는 것은
공덕(功德)이 너무 커서 도저히 헤아릴 수가 없다.

⊙ 이자(二者)를
자비리구과법(慈悲離口過法)이라 하는데
이를 행(行)하는 것은
공덕(功德)이 너무 커서 도저히 헤아릴 수가 없다.

三者含忍離口過法不可稱量四者行功離口過法不可稱量
삼자함인리구과법불가칭량사자행공리구과법불가칭량

⊙ 삼자(三者)를
함인리구과법(含忍離口過法)이라 하는데
이를 행(行)하는 것은
공덕(功德)이 너무 커서 도저히 헤아릴 수가 없다.

⊙ 사자(四者)를
행공리구과법(行功離口過法)이라 하는데

이를 행(行)하는 것은

공덕(功德)이 너무 커서 도저히 헤아릴 수가 없다.

五者修心離口過法不可稱量六者善業離口過法不可稱量

⊙ 오자(五者)를

오자수심리구과법불가칭량(五者修心離口過法不可稱量)이라 하는데

이를 행(行)하는 것은

공덕(功德)이 너무 커서 도저히 헤아릴 수가 없다.

⊙ 육자(六者)를

육자선업리구과법불가칭량(六者善業離口過法不可稱量)이라 하는데

이를 행(行)하는 것은

공덕(功德)이 너무 커서 도저히 헤아릴 수가 없다.

七者精進離口過法不可稱量八者飾身離口過法不可稱量

⊙ 칠자(七者)를

칠자정진리구과법불가칭량(七者精進離口過法不可稱量)이라 하는데

이를 행(行)하는 것은

공덕(功德)이 너무 커서 도저히 헤아릴 수가 없다.

⊙ 팔자(八者)를
식신리구과법(飾身離口過法)이라 하는데
이를 행(行)하는 것은
공덕(功德)이 너무 커서 도저히 헤아릴 수가 없다.

九者遣情離口過法不可稱量十者普心離口過法不可稱量
구자견정리구과법불가칭량십자보심리구과법불가칭량

⊙ 구자(九者)를
견정리구과법(遣情離口過法)이라 하는데
이를 행(行)하는 것은
공덕(功德)이 너무 커서 도저히 헤아릴 수가 없다.

⊙ 십자(十者)를
보심리구과법(普心離口過法)이라 하는데
이를 행(行)하는 것은
공덕(功德)이 너무 커서 도저히 헤아릴 수가 없다.

是爲十種離口過法
시위십종리구과법

이상(以上)과 같은 열 가지 종류(種類)는
입으로 짓는
죄과(罪過)를 떼 내어 버리는 리구과법(離口過法)이다.

(3)

太上曰復有十種除惡想法不可稱量何等爲十種除惡想法

태상(太上)께서
다시 열 가지 종류(種類)의
공덕(功德)이 너무 커서 도저히 헤아릴 수가 없는,
나쁜 생각을 제거(除去)시켜 없애버리는
제악상법(除惡想法)에 대하여 말씀하시었다.
어떠한 것을
열 가지 종류(種類)의 제악상법(除惡想法)이라 하는가?

⊙ 일자(一者)를

一者智慧除惡想法不可稱量二者慈悲除惡想法不可稱量

일자지혜제악상법불가칭량이자자비제악상법불가칭량

지혜제악상법(智慧除惡想法)이라 하는데

이를 행(行)하는 것은

공덕(功德)이 너무 커서 도저히 헤아릴 수가 없다.

⊙ 이자(二者)를

자비제악상법(慈悲除惡想法)이라 하는데

이를 행(行)하는 것은

공덕(功德)이 너무 커서 도저히 헤아릴 수가 없다.

삼자함인제악상법불가칭량사자행공제악상법불가칭량
三者含忍除惡想法不可稱量四者行功除惡想法不可稱量

⊙ 삼자(三者)를

함인제악상법(含忍除惡想法)이라 하는데

이를 행(行)하는 것은

공덕(功德)이 너무 커서 도저히 헤아릴 수가 없다.

⊙ 사자(四者)를

행공제악상법(行功除惡想法)이라 하는데

이를 행(行)하는 것은

공덕(功德)이 너무 커서 도저히 헤아릴 수가 없다.

五者修心除惡想法不可稱量六者善業除惡想法不可稱量

- 오자(五者)를
  수심제악상법(修心除惡想法)이라 하는데
  이를 행(行)하는 것은
  공덕(功德)이 너무 커서 도저히 헤아릴 수가 없다.

- 륙자(六者)를
  선업제악상법(善業除惡想法)이라 하는데
  이를 행(行)하는 것은
  공덕(功德)이 너무 커서 도저히 헤아릴 수가 없다.

七者精進除惡想法不可稱量八者飾身除惡想法不可稱量

- 칠자(七者)를
  정진제악상법(精進除惡想法)이라 하는데
  이를 행(行)하는 것은
  공덕(功德)이 너무 커서 도저히 헤아릴 수가 없다.

- 팔자(八者)를
  식신제악상법(飾身除惡想法)이라 하는데

이를 행(行)하는 것은
공덕(功德)이 너무 커서 도저히 헤아릴 수가 없다.

九者遣情除惡想法不可稱量十者普心除惡想法不可稱量
구자견정제악상법불가칭량십자보심제악상법불가칭량

- 구자(九者)를
  견정제악상법(遣情除惡想法)이라 하는데
  이를 행(行)하는 것은
  공덕(功德)이 너무 커서 도저히 헤아릴 수가 없다.

- 십자(十者)를
  보심제악상법(普心除惡想法)이라 하는데
  이를 행(行)하는 것은
  공덕(功德)이 너무 커서 도저히 헤아릴 수가 없다.

是爲十種除惡想法
시위십종제악상법

이상(以上)과 같은 열 가지 종류(種類)는
나쁜 생각을 제거(除去)시켜 없애버리는 제악상법(除惡想法)이다.

(4) **太上曰復有十種拔逮根法不可稱量何等爲十種拔逮根法**

태상(太上)께서
다시
열 가지 종류(種類)의
공덕(功德)이 너무 커서 도저히 헤아릴 수가 없는,
뿌리를 뽑아 잡는
발체근법(拔逮根法)에 대하여 말씀하시었다.
열 가지 종류(種類)의 발체근법(拔逮根法)이라 하는가?
어떠한 것을

一者智慧拔逮根法不可稱量二者慈悲拔逮根法不可稱量

⊙ 일자(一者)를
지혜발체근법(智慧拔逮根)이라 하는데
이를 행(行)하는 것은
공덕(功德)이 너무 커서 도저히 헤아릴 수가 없다.

- 이자(二者)를
자비발체근법(慈悲拔逮根法)이라 하는데
이를 행(行)하는 것은
공덕(功德)이 너무 커서 도저히 헤아릴 수가 없다.

- 삼자함인발체근법불가칭량사자행공발체근법불가칭량
三者含忍拔逮根法不可稱量四者行功拔逮根法不可稱量

- 삼자(三者)를
함인발체근법(含忍拔逮根法)이라 하는데
이를 행(行)하는 것은
공덕(功德)이 너무 커서 도저히 헤아릴 수가 없다.

- 사자(四者)를
행공발체근법(行功拔逮根法)이라 하는데
이를 행(行)하는 것은
공덕(功德)이 너무 커서 도저히 헤아릴 수가 없다.

- 오자수심발체근법불가칭량륙자선업발체근법불가칭량
五者修心拔逮根法不可稱量六者善業拔逮根法不可稱量

- 오자(五者)를

수심발체근법(修心拔逮根法)이라 하는데

이를 행(行)하는 것은

공덕(功德)이 너무 커서 도저히 헤아릴 수가 없다.

◉ 륙자(六者)를

선업발체근법(善業拔逮根法)이라 하는데

이를 행(行)하는 것은

공덕(功德)이 너무 커서 도저히 헤아릴 수가 없다.

七者精進拔逮根法不可稱量八者飾身拔逮根法不可稱量

◉ 칠자(七者)를

정진발체근법(精進拔逮根法)이라 하는데

이를 행(行)하는 것은

공덕(功德)이 너무 커서 도저히 헤아릴 수가 없다.

◉ 팔자(八者)를

식신발체근법(飾身拔逮根法)이라 하는데

이를 행(行)하는 것은

공덕(功德)이 너무 커서 도저히 헤아릴 수가 없다.

九者遣情拔逮根法不可稱量十者普心拔逮根法不可稱量

- 구자견정발체근법불가칭량십자보심발체근법불가칭량
- 구자(九者)를 견정발체근법(遣情拔逮根法)이라 하는데 이를 행(行)하는 것은 공덕(功德)이 너무 커서 도저히 헤아릴 수가 없다.
- 십자(十者)를 보심발체근법(普心拔逮根法)이라 하는데 이를 행(行)하는 것은 공덕(功德)이 너무 커서 도저히 헤아릴 수가 없다.

是爲十種拔逮根法

시위십종발체근법

이상(以上)과 같은 열 가지 종류(種類)가 뿌리를 뽑아 잡는 발체근법(拔逮根法)이다.

(5)

太上曰復有十種絶聲色法不可稱量何等爲十種絶聲色法

태상왈부유십종절성색법불가칭량하등위십종절성색법

태상(太上)께서

다시 열 가지 종류(種類)의 공덕(功德)이 너무 커서 도저히 헤아릴 수가 없는, 음악(音樂)과 녀색(女色)을 끊는 절성색법(絕聲色法)에 대하여 말씀하시었다.

열 가지 종류(種類)의 절성색법(絕聲色法)이라 하는가?

어떠한 것을

일자지혜절성색법불가칭량이자자비절성색법불가칭량
一者智慧絕聲色法不可稱量二者慈悲絕聲色法不可稱量

⦿ 일자(一者)를
지혜절성색법(智慧絕聲色法)이라 하는데
공덕(功德)이 너무 커서 도저히 헤아릴 수가 없다.
이를 행(行)하는 것은

⦿ 이자(二者)를
자비절성색법(慈悲絕聲色法)이라 하는데
이를 행(行)하는 것은

공덕(功德)이 너무 커서 도저히 헤아릴 수가 없다.

三者咸忍絶聲色法不可稱量四者行功絶聲色法不可稱量

⊙ 삼자(三者)를
함인절성색법(咸忍絶聲色法)이라 하는데
이를 행(行)하는 것은
공덕(功德)이 너무 커서 도저히 헤아릴 수가 없다.

⊙ 사자(四者)를
행공절성색법(行功絶聲色法)이라 하는데
이를 행(行)하는 것은
공덕(功德)이 너무 커서 도저히 헤아릴 수가 없다.

五者修心絶聲色法不可稱量六者善業絶聲色法不可稱量

⊙ 오자(五者)를
수심절성색법(修心絶聲色法)이라 하는데
이를 행(行)하는 것은
공덕(功德)이 너무 커서 도저히 헤아릴 수가 없다.

⊙ 륙자(六者)를
선업절성색법(善業絶聲色法)이라 하는데
이를 행(行)하는 것은
공덕(功德)이 너무 커서 도저히 헤아릴 수가 없다.

七者精進絶聲色法不可稱量八者飾身絶聲色法不可稱量

⊙ 칠자(七者)를
정진절성색법(精進絶聲色法)이라 하는데
이를 행(行)하는 것은
공덕(功德)이 너무 커서 도저히 헤아릴 수가 없다.

⊙ 팔자(八者)를
식신절성색법(飾身絶聲色法)이라 하는데
이를 행(行)하는 것은
공덕(功德)이 너무 커서 도저히 헤아릴 수가 없다.

九者遣情絶聲色法不可稱量十者普心絶聲色法不可稱量

⊙ 구자(九者)를

견정절성색법(遣情絕聲色法)이라 하는데
이를 행(行)하는 것은
공덕(功德)이 너무 커서 도저히 헤아릴 수가 없다.

◉ 십자(十者)를
보심절성색법(普心絕聲色法)이라 하는데
이를 행(行)하는 것은
공덕(功德)이 너무 커서 도저히 헤아릴 수가 없다.

시위십종절성색법
是爲十種絕聲色法

이상(以上)과 같은 열 가지 종류(種類)가
음악(音樂)과 녀색(女色)을 끊는 절성색법(絕聲色法)이다.

(6)
태상왈부유십종검애욕법불가칭량하등위십종검애욕법
太上曰復有十種儉愛欲法不可稱量何等爲十種儉愛欲法

태상(太上)께서
다시
열 가지 종류(種類)의
공덕(功德)이 너무 커서 도저히 헤아릴 수가 없는,

애욕(愛欲)을 삼가고 절제(節制)하는
검애욕법(儉愛欲法)에 대(對)하여 말씀하시었다.

어떠한 것을
열 가지 종류(種類)의 검애욕법(儉愛欲法)이라 하는가?

일자지혜검애욕법불가칭량이자자비검애욕법불가칭량
一者智慧儉愛欲法不可稱量二者慈悲儉愛欲法不可稱量

⊙ 일자(一者)를
지혜검애욕법(智慧儉愛欲法)이라 하는데
이를 행(行)하는 것은
공덕(功德)이 너무 커서 도저히 헤아릴 수가 없다.

⊙ 이자(二者)를
자비검애욕법(慈悲儉愛欲法)이라 하는데
이를 행(行)하는 것은
공덕(功德)이 너무 커서 도저히 헤아릴 수가 없다.

삼자함인검애욕법불가칭량사자행공검애욕법불가칭량
三者咸忍儉愛欲法不可稱量四者行功儉愛欲法不可稱量

七八

- 삼자(三者)를
함인검애욕법(咸忍儉愛欲法)이라 하는데
이를 행(行)하는 것은
공덕(功德)이 너무 커서 도저히 헤아릴 수가 없다.

- 사자(四者)를
행공검애욕법(行功儉愛欲法)이라 하는데
이를 행(行)하는 것은
공덕(功德)이 너무 커서 도저히 헤아릴 수가 없다.

五者修心儉愛欲法不可稱量六者善業儉愛欲法不可稱量

오자수심검애욕법불가칭량륙자선업검애욕법불가칭량

- 오자(五者)를
수심검애욕법(修心儉愛欲法)이라 하는데
이를 행(行)하는 것은
공덕(功德)이 너무 커서 도저히 헤아릴 수가 없다.

- 륙자(六者)를
선업검애욕법(善業儉愛欲法)이라 하는데
이를 행(行)하는 것은
공덕(功德)이 너무 커서 도저히 헤아릴 수가 없다.

七者精進儉愛欲法不可稱量八者飾身儉愛欲法不可稱量

- 칠자(七者)를
  정진검애욕법(精進儉愛欲法)이라 하는데
  이를 행(行)하는 것은
  공덕(功德)이 너무 커서 도저히 헤아릴 수가 없다.

- 팔자(八者)를
  식신검애욕법(飾身儉愛欲法)이라 하는데
  이를 행(行)하는 것은
  공덕(功德)이 너무 커서 도저히 헤아릴 수가 없다.

九者遣情儉愛欲法不可稱量十者普心儉愛欲法不可稱量

- 구자(九者)를
  견정검애욕법(遣情儉愛欲法)이라 하는데
  이를 행(行)하는 것은
  공덕(功德)이 너무 커서 도저히 헤아릴 수가 없다.

- 십자(十者)를
  보심검애욕법(普心儉愛欲法)이라 하는데

이를 행(行)하는 것은
공덕(功德)이 너무 커서 도저히 헤아릴 수가 없다.

是爲十種儉愛欲法
시위십종검애욕법

이상(以上)과 같은 열 가지 종류(種類)가
애욕(愛欲)을 삼가고 절제(節制)하는 검애욕법(儉愛欲法)이다.

(7) 太上曰復有十種放翫習法不可稱量何等爲十種放翫習法
태상왈부유십종방완습법불가칭량하등위십종방완습법

태상(太上)께서
다시
열 가지 종류(種類)의
공덕(功德)이 너무 커서 도저히 헤아릴 수가 없는,
허물없어 버릇없고 남을 경시(輕視)하거나 하는
고약한 습관(習慣)을 고치는
방완습법(放翫習法)에 대(對)하여 말씀하시었다.

어떠한 것을

열 가지 종류(種類)의 방완습법(放翫習法)이라 하는가?

- 일자지혜방완습법불가칭량이자자비방완습법불가칭량

一者智慧放翫習法不可稱量二者慈悲放翫習法不可稱量

- 일자(一者)를
지혜방완습법(智慧放翫習)이라 하는데
이를 행(行)하는 것은
공덕(功德)이 너무 커서 도저히 헤아릴 수가 없다.

- 이자(二者)를
자비방완습법(慈悲放翫習法)이라 하는데
이를 행(行)하는 것은
공덕(功德)이 너무 커서 도저히 헤아릴 수가 없다.

삼자함인방완습법불가칭량사자행공방완습법불가칭량

三者咸忍放翫習法不可稱量四者行功放翫習法不可稱量

- 삼자(三者)를
함인방완습법(咸忍放翫習法)이라 하는데
이를 행(行)하는 것은

공덕(功德)이 너무 커서 도저히 헤아릴 수가 없다.

⊙ 사자(四者)를
행공방완습법(行功放翫習法)이라 하는데
이를 행(行)하는 것은
공덕(功德)이 너무 커서 도저히 헤아릴 수가 없다.

오자 수심방완습법 불가칭량 륙자 선업방완습법 불가칭량
五者修心放翫習法不可稱量六者善業放翫習法不可稱量

⊙ 오자(五者)를
수심방완습법(修心放翫習法)이라 하는데
이를 행(行)하는 것은
공덕(功德)이 너무 커서 도저히 헤아릴 수가 없다.

⊙ 륙자(六者)를
선업방완습법(善業放翫習法)이라 하는데
이를 행(行)하는 것은
공덕(功德)이 너무 커서 도저히 헤아릴 수가 없다.

칠자 정진방완습법 불가칭량 팔자 식신방완습법 불가칭량
七者精進放翫習法不可稱量八者飾身放翫習法不可稱量

- 칠자(七者)를 정진방완습법(精進放翫習法)이라 하는데 이를 행(行)하는 것은 공덕(功德)이 너무 커서 도저히 헤아릴 수가 없다.

- 팔자(八者)를 식신방완습법(飾身放翫習法)이라 하는데 이를 행(行)하는 것은 공덕(功德)이 너무 커서 도저히 헤아릴 수가 없다.

- 구자(九者)를 견정방완습법(遣情放翫習法)이라 하는데 이를 행(行)하는 것은 공덕(功德)이 너무 커서 도저히 헤아릴 수가 없다.

- 십자(十者)를 보심방완습법(普心放翫習法)이라 하는데 이를 행(行)하는 것은 공덕(功德)이 너무 커서 도저히 헤아릴 수가 없다.

九者遣情放翫習法不可稱量十者普心放翫習法不可稱量

是爲十種放翫習法
시위십종방완습법

이상(以上)과 같은 열 가지 종류(種類)가
허물없어 버릇없고 남을 경시(輕視)하거나 하는
고약한 습관(習慣)을 고치는 방완습법(放翫習法)이다.

(8) 太上曰復有十種洗垢穢法不可稱量何等爲十種洗垢穢法
태상왈부유십종세구예법불가칭량하등위십종세구예법

태상(太上)께서

다시

열 가지 종류(種類)의

공덕(功德)이 너무 커서 도저히 헤아릴 수가 없는,

더럽게 찌든 때를 씻어내는

세구예법(洗垢穢法)에 대(對)하여 말씀하시었다.

어떠한 것을

열 가지 종류(種類)의 세구예법(洗垢穢法)이라 하는가?

一者智慧洗垢穢法不可稱量二者慈悲洗垢穢法不可稱量三者咸忍洗垢穢法不可稱量四者行功洗垢穢法不可稱量

일자지혜세구예법불가칭량이자자비세구예법불가칭량삼자함인세구예법불가칭량사자행공세구예법불가칭량

- 일자(一者)를
지혜세구예법(智慧洗垢穢法)이라 하는데
이를 행(行)하는 것은
공덕(功德)이 너무 커서 도저히 헤아릴 수가 없다.

- 이자(二者)를
자비세구예법(慈悲洗垢穢法)이라 하는데
이를 행(行)하는 것은
공덕(功德)이 너무 커서 도저히 헤아릴 수가 없다.

- 삼자(三者)를
함인세구예법(咸忍洗垢穢法)이라 하는데
이를 행(行)하는 것은
공덕(功德)이 너무 커서 도저히 헤아릴 수가 없다.

- 사자(四者)를
행공세구예법(行功洗垢穢法)이라 하는데

이를 행(行)하는 것은

공덕(功德)이 너무 커서 도저히 헤아릴 수가 없다。

五者修心洗垢穢法不可稱量六者善業洗垢穢法不可稱量

⊙ 오자(五者)를

수심세구예법(修心洗垢穢法)이라 하는데

이를 행(行)하는 것은

공덕(功德)이 너무 커서 도저히 헤아릴 수가 없다。

⊙ 륙자(六者)를

선업세구예법(善業洗垢穢法)이라 하는데

이를 행(行)하는 것은

공덕(功德)이 너무 커서 도저히 헤아릴 수가 없다。

七者精進洗垢穢法不可稱量八者飾身洗垢穢法不可稱量

⊙ 칠자(七者)를

정진세구예법(精進洗垢穢法)이라 하는데

이를 행(行)하는 것은

공덕(功德)이 너무 커서 도저히 헤아릴 수가 없다.

⦿ 팔자(八者)를
식신세구예법(飾身洗垢穢法)이라 하는데
이를 행(行)하는 것은
공덕(功德)이 너무 커서 도저히 헤아릴 수가 없다.

九者遣情洗垢穢法不可稱量十者普心洗垢穢法不可稱量
구자견정세구예법불가칭량십자보심세구예법불가칭량

⦿ 구자(九者)를
견정세구예법(遣情洗垢穢法)이라 하는데
이를 행(行)하는 것은
공덕(功德)이 너무 커서 도저히 헤아릴 수가 없다.

⦿ 십자(十者)를
보심세구예법(普心洗垢穢法)이라 하는데
이를 행(行)하는 것은
공덕(功德)이 너무 커서 도저히 헤아릴 수가 없다.

是爲十種洗垢穢法
시위십종세구예법

(9)

太上曰復有十種無昏惑法不可稱量何等爲十種無昏惑法

이상(以上)과 같은 열 가지 종류(種類)가
더럽게 찌든 때를 씻어내는 세구예법(洗垢穢法)이다.

태상(太上)께서
다시
열 가지 종류(種類)의
공덕(功德)이 너무 커서 도저히 헤아릴 수가 없는,
어리석음과 미혹(迷惑)을 깨트리는
무혼혹법(無昏惑法)에 대(對)하여 말씀하시었다.
어떠한 것을
열 가지 종류(種類)의 무혼혹법(無昏惑法)이라 하는가?

⊙ 일자(一者)를

一者智慧無昏惑法不可稱量二者慈悲無昏惑法不可稱量

일자지혜무혼혹법불가칭량이자자비무혼혹법불가칭량

지혜무혼혹법(智慧無昏惑法)이라 하는데

이를 행(行)하는 것은
공덕(功德)이 너무 커서 도저히 헤아릴 수가 없다.

- 이자(二者)를
자비무혼혹법(慈悲無昏惑法)이라 하는데

이를 행(行)하는 것은
공덕(功德)이 너무 커서 도저히 헤아릴 수가 없다.

三者咸忍無昏惑法不可稱量四者行功無昏惑法不可稱量

삼자함인무혼혹법불가칭량사자행공무혼혹법불가칭량

- 삼자(三者)를
함인무혼혹법(咸忍無昏惑法)이라 하는데

이를 행(行)하는 것은
공덕(功德)이 너무 커서 도저히 헤아릴 수가 없다.

- 사자(四者)를
행공무혼혹법(行功無昏惑法)이라 하는데

이를 행(行)하는 것은
공덕(功德)이 너무 커서 도저히 헤아릴 수가 없다.

五者修心無昏惑法不可稱量六者善業無昏惑法不可稱量

- 오자(五者)를
  수심무혼혹법(修心無昏惑法)이라 하는데
  이를 행(行)하는 것은
  공덕(功德)이 너무 커서 도저히 헤아릴 수가 없다.

- 륙자(六者)를
  선업무혼혹법(善業無昏惑法)이라 하는데
  이를 행(行)하는 것은
  공덕(功德)이 너무 커서 도저히 헤아릴 수가 없다.

七者精進無昏惑法不可稱量八者飾身無昏惑法不可稱量

- 칠자(七者)를
  정진무혼혹법(精進無昏惑法)이라 하는데
  이를 행(行)하는 것은
  공덕(功德)이 너무 커서 도저히 헤아릴 수가 없다.

- 팔자(八者)를
  식신무혼혹법(飾身無昏惑法)이라 하는데

이를 행(行)하는 것은
공덕(功德)이 너무 커서 도저히 헤아릴 수가 없다.

九者遣情無昏惑法不可稱量十者普心無昏惑法不可稱量
구 자 견 정 무 혼 혹 법 불 가 칭 량 십 자 보 심 무 혼 혹 법 불 가 칭 량

⊙ 구자(九者)를
견정무혼혹법(遣情無昏惑法)이라 하는데
이를 행(行)하는 것은
공덕(功德)이 너무 커서 도저히 헤아릴 수가 없다.

⊙ 십자(十者)를
보심무혼혹법(普心無昏惑法)이라 하는데
이를 행(行)하는 것은
공덕(功德)이 너무 커서 도저히 헤아릴 수가 없다.

是爲十種無昏惑法
시 위 십 종 무 혼 혹 법

이상(以上)과 같은 열 가지 종류(種類)가
어리석음과 미혹(迷惑)을 깨트리는 무혼혹법(無昏惑法)이다.

(10)

太上曰復有十種不淫想法不可稱量何等爲十種不淫想法

태상(太上)께서
다시
열 가지 종류(種類)의
공덕(功德)이 너무 커서 도저히 헤아릴 수가 없는、
음욕(淫慾)이
고개를 쳐들고 일어나지 못하게 하는
불음상법(不淫想法)에 대(對)하여 말씀하시었다.
어떠한 것을
열 가지 종류(種類)의 불음상법(不淫想法)이라 하는가?

一者智慧不淫想法不可稱量二者慈悲不淫想法不可稱量

- 일자(一者)를
  지혜불음상법(智慧不淫想法)이라 하는데
  이를 행(行)하는 것은

공덕(功德)이 너무 커서 도저히 헤아릴 수가 없다.

◉ 이자(二者)를
자비불음상법(慈悲不淫想法)이라 하는데
이를 행(行)하는 것은
공덕(功德)이 너무 커서 도저히 헤아릴 수가 없다.

삼자함인불음상법불가칭량사자행공불음상법불가칭량
三者咸忍不淫想法不可稱量四者行功不淫想法不可稱量

◉ 삼자(三者)를
함인불음상법(咸忍不淫想法)이라 하는데
이를 행(行)하는 것은
공덕(功德)이 너무 커서 도저히 헤아릴 수가 없다.

◉ 사자(四者)를
행공불음상법(行功不淫想法)이라 하는데
이를 행(行)하는 것은
공덕(功德)이 너무 커서 도저히 헤아릴 수가 없다.

오자수심불음상법불가칭량륙자선업불음상법불가칭량
五者修心不淫想法不可稱量六者善業不淫想法不可稱量

七者精進不淫想法不可稱量 八者飾身不淫想法不可稱量

⊙ 오자(五者)를
수심불음상법(修心不淫想法)이라 하는데
이를 행(行)하는 것은
공덕(功德)이 너무 커서 도저히 헤아릴 수가 없다.

⊙ 륙자(六者)를
선업불음상법(善業不淫想法)이라 하는데
이를 행(行)하는 것은
공덕(功德)이 너무 커서 도저히 헤아릴 수가 없다.

⊙ 칠자(七者)를
정진불음상법(精進不淫想法)이라 하는데
이를 행(行)하는 것은
공덕(功德)이 너무 커서 도저히 헤아릴 수가 없다.

⊙ 팔자(八者)를
식신불음상법(飾身不淫想法)이라 하는데
이를 행(行)하는 것은
공덕(功德)이 너무 커서 도저히 헤아릴 수가 없다.

九者遣情不淫想法不可稱量十者普心不淫想法不可稱量

- 구자(九者)를
 견정불음상법(遣情不淫想法)이라 하는데
 이를 행(行)하는 것은
 공덕(功德)이 너무 커서 도저히 헤아릴 수가 없다.
- 십자(十者)를
 보심불음상법(普心不淫想法)이라 하는데
 이를 행(行)하는 것은
 공덕(功德)이 너무 커서 도저히 헤아릴 수가 없다.

是爲十種不淫想法

이상(以上)과 같은 열 가지 종류(種類)가
음욕(淫慾)이
고개를 쳐들고 일어나지 못하게 하는 불음상법(不淫想法)이다.

(11) 太上曰復有十種不疑空法不可稱量何等爲十種不疑空法

태상(太上)께서

다시

열 가지 종류(種類)의

공덕(功德)이 너무 커서 도저히 헤아릴 수가 없는,

의혹(疑惑)이나

불신(不信)이 일어나지 않게 하는

불의공법(不疑空法)에 대(對)하여 말씀하시었다.

열 가지 종류(種類)의 불의공법(不疑空法)이라 하는가?

어떠한 것을

일자지혜불의공법불가칭량이자자비불의공법불가칭량

一者智慧不疑空法不可稱量二者慈悲不疑空法不可稱量

◉ 일자(一者)를

지혜불의공법(智慧不疑空法)이라 하는데

이를 행(行)하는 것은

공덕(功德)이 너무 커서 도저히 헤아릴 수가 없다.

◉ 이자(二者)를

자비불의 공법(慈悲不疑空法)이라 하는데

이를 행(行)하는 것은

공덕(功德)이 너무 커서 도저히 헤아릴 수가 없다.

삼자함인불의공법불가칭량사자행공불의공법불가칭량

三者咸忍不疑空法不可稱量四者行功不疑空法不可稱量

⦿ 삼자(三者)를

함인불의공법(忍不疑空法)이라 하는데

이를 행(行)하는 것은

공덕(功德)이 너무 커서 도저히 헤아릴 수가 없다.

⦿ 사자(四者)를

행공불의공법(行功不疑空法)이라 하는데

이를 행(行)하는 것은

공덕(功德)이 너무 커서 도저히 헤아릴 수가 없다.

오자수심불의공법불가칭량륙자선업불의공법불가칭량

五者修心不疑空法不可稱量六者善業不疑空法不可稱量

⦿ 오자(五者)를

수심불의공법(修心不疑空法)이라 하는데

- 이를 행(行)하는 것은 공덕(功德)이 너무 커서 도저히 헤아릴 수가 없다.

◉ 륙자(六者)를 선업불의공법(善業不疑空法)이라 하는데 이를 행(行)하는 것은 공덕(功德)이 너무 커서 도저히 헤아릴 수가 없다.

칠자정진불의공법불가칭량팔자식신불의공법불가칭량
七者精進不疑空法不可稱量八者飾身不疑空法不可稱量

◉ 칠자(七者)를 정진불의공법(精進不疑空法)이라 하는데 이를 행(行)하는 것은 공덕(功德)이 너무 커서 도저히 헤아릴 수가 없다.

◉ 팔자(八者)를 식신불의공법(飾身不疑空法)이라 하는데 이를 행(行)하는 것은 공덕(功德)이 너무 커서 도저히 헤아릴 수가 없다.

九者遣情不疑空法不可稱量十者普心不疑空法不可稱量
구자견정불의공법불가칭량십자보심불의공법불가칭량

- 구자(九者)를
견정불의공법(遣情不疑空法)이라 하는데
이를 행(行)하는 것은
공덕(功德)이 너무 커서 도저히 헤아릴 수가 없다.

- 십자(十者)를
보심불의공법(普心不疑空法)이라 하는데
이를 행(行)하는 것은
공덕(功德)이 너무 커서 도저히 헤아릴 수가 없다.

是爲十種不疑空法
시위십종불의공법

이상(以上)과 같은 열 가지 종류(種類)가
의혹(疑惑)이나
불신(不信)이 일어나지 않게 하는 불의공법(不疑空法)이다.

(12)
太上曰復有十種平好醜法不可稱量何等爲十種平好醜法
태상왈부유십종평호추법불가칭량하등위십종평호추법

태상(太上)께서
다시
열 가지 종류(種類)의
공덕(功德)이 너무 커서 도저히 헤아릴 수가 없는,
좋은 것과 추한 것을 평등(平等)하게 하는
평호추법(平好醜法)에 대(對)하여 말씀하시었다.

어떠한 것을
열 가지 종류(種類)의 평호추법(平好醜法)이라 하는가?

일자지혜평호추법불가칭량이자자비평호추법불가칭량
一者智慧平好醜法不可稱量二者慈悲平好醜法不可稱量

⊙ 일자(一者)를
지혜평호추법(智慧平好醜法)이라 하는데
이를 행(行)하는 것은
공덕(功德)이 너무 커서 도저히 헤아릴 수가 없다.

⊙ 이자(二者)를
자비평호추법(慈悲平好醜法)이라 하는데

101

이를 행(行)하는 것은

공덕(功德)이 너무 커서 도저히 헤아릴 수가 없다.

三者咸忍平好醜法不可稱量四者行功平好醜法不可稱量

- 삼자(三者)를

함인평오추법(咸忍平好醜法)이라 하는데

이를 행(行)하는 것은

공덕(功德)이 너무 커서 도저히 헤아릴 수가 없다.

- 사자(四者)를

행공평오추법(行功平好醜法)이라 하는데

이를 행(行)하는 것은

공덕(功德)이 너무 커서 도저히 헤아릴 수가 없다.

五者修心平好醜法不可稱量六者善業平好醜法不可稱量

- 오자(五者)를

수심평오추법(修心平好醜法)이라 하는데

이를 행(行)하는 것은

- 공덕(功德)이 너무 커서 도저히 헤아릴 수가 없다.

육자(六者)를
선업평호추법(善業平好醜法)이라 하는데
이를 행(行)하는 것은
공덕(功德)이 너무 커서 도저히 헤아릴 수가 없다.

칠자정진평호추법불가칭량팔자식신평호추법불가칭량
七者精進平好醜法不可稱量八者飾身平好醜法不可稱量

- 칠자(七者)를
정진평호추법(精進平好醜法)이라 하는데
이를 행(行)하는 것은
공덕(功德)이 너무 커서 도저히 헤아릴 수가 없다.

- 팔자(八者)를
식신평호추법(飾身平好醜法)이라 하는데
이를 행(行)하는 것은
공덕(功德)이 너무 커서 도저히 헤아릴 수가 없다.

구자견정평호추법불가칭량십자보심평호추법불가칭량
九者遣情平好醜法不可稱量十者普心平好醜法不可稱量

⊙ 구자(九者)를
견정평호추법(遣情平好醜法)이라 하는데
이를 행(行)하는 것은
공덕(功德)이 너무 커서 도저히 헤아릴 수가 없다.

⊙ 십자(十者)를
보심평호추법(普心平好醜法)이라 하는데
이를 행(行)하는 것은
공덕(功德)이 너무 커서 도저히 헤아릴 수가 없다.

시위십종평호추법
是爲十種平好醜法

이상(以上)과 같은 열 가지 종류(種類)가
좋은 것과 추한 것을
평등(平等)하게 하는 평호추법(平好醜法)이다.

(13)
태상왈부유십종불사환법불가칭량하등위십종불사환법
太上曰復有十種不邪還法不可稱量何等爲十種不邪還法

태상(太上)께서
다시

열 가지 종류(種類)의 공덕(功德)이 너무 커서 도저히 헤아릴 수가 없는,

사악(邪惡)함에 빠지지 않고 돌이키는 불사환법(不邪還法)에 대(對)하여 말씀하시었다.

어떠한 것을

열 가지 종류(種類)의 불사환법(不邪還法)이라 하는가?

일자지혜불사환법불가칭량이자자비불사환법불가칭량

一者智慧不邪還法不可稱量二者慈悲不邪還法不可稱量

⊙ 일자(一者)를

지혜불사환법(智慧不邪還法)이라 하는데

이를 행(行)하는 것은

공덕(功德)이 너무 커서 도저히 헤아릴 수가 없다.

⊙ 이자(二者)를

자비불사환법(慈悲不邪還法)이라 하는데

이를 행(行)하는 것은

공덕(功德)이 너무 커서 도저히 헤아릴 수가 없다.

三者咸忍不邪還法不可稱量四者行功不邪還法不可稱量
삼자함인불사환법불가칭량사자행공불사환법불가칭량

- 삼자(三者)를
  함인불사환법(咸忍不邪還法)이라 하는데
  이를 행(行)하는 것은
  공덕(功德)이 너무 커서 도저히 헤아릴 수가 없다.

- 사자(四者)를
  행공불사환법(行功不邪還法)이라 하는데
  이를 행(行)하는 것은
  공덕(功德)이 너무 커서 도저히 헤아릴 수가 없다.

五者修心不邪還法不可稱量六者善業不邪還法不可稱量
오자수심불사환법불가칭량륙자선업불사환법불가칭량

- 오자(五者)를
  수심불사환법(修心不邪還法)이라 하는데
  이를 행(行)하는 것은
  공덕(功德)이 너무 커서 도저히 헤아릴 수가 없다.

- 륙자(六者)를
  선업불사환법(善業不邪還法)이라 하는데

이를 행(行)하는 것은 공덕(功德)이 너무 커서 도저히 헤아릴 수가 없다.

七者精進不邪還法不可稱量八者飾身不邪還法不可稱量

- 칠자(七者)를
정진불사환법(精進不邪還法)이라 하는데
이를 행(行)하는 것은
공덕(功德)이 너무 커서 도저히 헤아릴 수가 없다.

- 팔자(八者)를
식신불사환법(飾身不邪還法)이라 하는데
이를 행(行)하는 것은
공덕(功德)이 너무 커서 도저히 헤아릴 수가 없다.

九者遣情不邪還法不可稱量十者普心不邪還法不可稱量

- 구자(九者)를
견정불사환법(遣情不邪還法)이라 하는데
이를 행(行)하는 것은

○ 십자(十者)를
보심불사환법(普心不邪還法)이라 하는데
이를 행(行)하는 것은
공덕(功德)이 너무 커서 도저히 헤아릴 수가 없다。

시위십종불사환법
是爲十種不邪還法

이상(以上)과 같은 열 가지 종류(種類)가
사악(邪惡)함에 빠지지 않고 돌이키는 불사환법(不邪還法)이다。

(14)
태상왈부유십종상주무법불가칭량하등위십종상주무법
太上曰復有十種常住無法不可稱量何等爲十種常住無法

태상(太上)께서
다시
열 가지 종류(種類)의
공덕(功德)이 너무 커서 도저히 헤아릴 수가 없는、
영구(永久)히 변(變)하지 않는
상주무법(常住無法)에 대(對)하여 말씀하시었다。

어떠한 것을
열 가지 종류(種類)의 상주무법(常住無法)이라 하는가?

一者智慧常住無法不可稱量二者慈悲常住無法不可稱量

⊙ 일자(一者)를
지혜상주무법(智慧常住無法)이라 하는데
이를 행(行)하는 것은
공덕(功德)이 너무 커서
이를 헤아릴 수가 없다.

⊙ 이자(二者)를
자비상주무법(慈悲常住無法)이라 하는데
이를 행(行)하는 것은
공덕(功德)이 너무 커서 도저히 헤아릴 수가 없다.

三者咸忍常住無法不可稱量四者行功常住無法不可稱量

⊙ 삼자(三者)를
함인상주무법(咸忍常住無法)이라 하는데
이를 행(行)하는 것은

○ 사자(四者)를
행공상주무법(行功常住無法)이라 하는데
이를 행(行)하는 것은
공덕(功德)이 너무 커서 도저히 헤아릴 수가 없다.

五者修心常住無法不可稱量
오자수심상주무법불가칭량

○ 오자(五者)를
수심상주무법(修心常住無法)이라 하는데
이를 행(行)하는 것은
공덕(功德)이 너무 커서 도저히 헤아릴 수가 없다.

六者善業常住無法不可稱量
류자선업상주무법불가칭량

○ 류자(六者)를
선업상주무법(善業常住無法)이라 하는데
이를 행(行)하는 것은
공덕(功德)이 너무 커서 도저히 헤아릴 수가 없다.

七者精進常住無法不可稱量八者飾身常住無法不可稱量
칠자정진상주무법불가칭량팔자식신상주무법불가칭량

- 칠자(七者)를
  정진상주무법(精進常住無法)이라 하는데
  이를 행(行)하는 것은
  공덕(功德)이 너무 커서 도저히 헤아릴 수가 없다.

- 팔자(八者)를
  식신상주무법(飾身常住無法)이라 하는데
  이를 행(行)하는 것은
  공덕(功德)이 너무 커서 도저히 헤아릴 수가 없다.

구자견정상주무법불가칭량십자보심상주무법불가칭량

九者遣情常住無法不可稱量十者普心常住無法不可稱量

- 구자(九者)를
  견정상주무법(遣情常住無法)이라 하는데
  이를 행(行)하는 것은
  공덕(功德)이 너무 커서 도저히 헤아릴 수가 없다.

- 십자(十者)를
  보심상주무법(普心常住無法)이라 하는데
  이를 행(行)하는 것은
  공덕(功德)이 너무 커서 도저히 헤아릴 수가 없다.

是爲十種常住無法

이상(以上)과 같은 열 가지 종류(種類)가 영구(永久)히 변(變)하지 않는 상주무법(常住無法)이다.

(15)

太上曰復有十種絶心想法不可稱量何等爲十種絶心想法

태상(太上)께서

다시

열 가지 종류(種類)의

공덕(功德)이 너무 커서 도저히 헤아릴 수가 없는,

온갖 어지러운 심상(心想)을 끊는

절심상법(絶心想法)에 대(對)하여 말씀하시었다.

어떠한 것을

열 가지 종류(種類)의 절심상법(絶心想法)이라 하는가?

一者智慧絶心想法不可稱量二者慈悲絶心想法不可稱量

일자지혜절심상법불가칭량이자자비절심상법불가칭량

三者咸忍絕心想法不可稱量四者行功絕心想法不可稱量

- 일자(一者)를
  지혜절심상법(智慧絕心想法)이라 하는데
  이를 행(行)하는 것은
  공덕(功德)이 너무 커서 도저히 헤아릴 수가 없다.

- 이자(二者)를
  자비절심상법(慈悲絕心想法)이라 하는데
  이를 행(行)하는 것은
  공덕(功德)이 너무 커서 도저히 헤아릴 수가 없다.

- 삼자(三者)를
  함인절심상법(咸忍絕心想法)이라 하는데
  이를 행(行)하는 것은
  공덕(功德)이 너무 커서 도저히 헤아릴 수가 없다.

- 사자(四者)를
  행공절심상법(行功絕心想法)이라 하는데
  이를 행(行)하는 것은
  공덕(功德)이 너무 커서 도저히 헤아릴 수가 없다.

五者修心絕心想法不可稱量六者善業絕心想法不可稱量

- 오자(五者)를
  수심절심상법(修心絕心想法)이라 하는데
  이를 행(行)하는 것은
  공덕(功德)이 너무 커서 도저히 헤아릴 수가 없다.

- 륙자(六者)를
  선업절심상법(善業絕心想法)이라 하는데
  이를 행(行)하는 것은
  공덕(功德)이 너무 커서 도저히 헤아릴 수가 없다.

七者精進絕心想法不可稱量八者飾身絕心想法不可稱量

- 칠자(七者)를
  정진절심상법(精進絕心想法)이라 하는데
  이를 행(行)하는 것은
  공덕(功德)이 너무 커서 도저히 헤아릴 수가 없다.

- 팔자(八者)를
  식신절심상법(飾身絕心想法)이라 하는데

九者遣情絕心想法不可稱量十者普心絕心想法不可稱量

구자견정절심상법불가칭량십자보심절심상법불가칭량

⊙ 구자(九者)를
견정절심상법(遣情絕心想法)이라 하는데

이를 행(行)하는 것은

공덕(功德)이 너무 커서 도저히 헤아릴 수가 없다.

⊙ 십자(十者)를
보심절심상법(普心絕心想法)이라 하는데

이를 행(行)하는 것은

공덕(功德)이 너무 커서 도저히 헤아릴 수가 없다.

是爲十種絕心想法

시위십종절심상법

이상(以上)과 같은 열 가지 종류(種類)가

온갖 어지러운 심상(心想)을 끊는 절심상법(絕心想法)이다.

(16) **太上曰復有十種習悉意法不可稱量何等爲十種習悉意法**

태상(太上)께서

다시

열 가지 종류(種類)의

공덕(功德)이 너무 커서 도저히 헤아릴 수가 없는,

실(實)답게 의념(意念)을 습관(習慣)들이는

습실의법(習悉意法)에 대(對)하여 말씀하시었다.

어떠한 것을

열 가지 종류(種類)의 습실의법(習悉意法)이라 하는가?

⊙ 일자(一者)를

지혜습실의법(智慧習悉意法)이라 하는데

이를 행(行)하는 것은

공덕(功德)이 너무 커서 도저히 헤아릴 수가 없다.

一者智慧習悉意法不可稱量二者慈悲習悉意法不可稱量

- 이자(二者)를 자비습실의법(慈悲習悉意法)이라 하는데
이를 행(行)하는 것은
공덕(功德)이 너무 커서 도저히 헤아릴 수가 없다.

三者咸忍習悉意法不可稱量四者行功習悉意法不可稱量

삼자함인습실의법불가칭량사자행공습실의법불가칭량

- 삼자(三者)를
함인습실의법(咸忍習悉意法)이라 하는데
이를 행(行)하는 것은
공덕(功德)이 너무 커서 도저히 헤아릴 수가 없다.

- 사자(四者)를
행공습실의법(行功習悉意法)이라 하는데
이를 행(行)하는 것은
공덕(功德)이 너무 커서 도저히 헤아릴 수가 없다.

五者修心習悉意法不可稱量六者善業習悉意法不可稱量

오자수심습실의법불가칭량륙자선업습실의법불가칭량

- 오자(五者)를

수심습실의법(修心習悉意法)이라 하는데

이를 행(行)하는 것은

공덕(功德)이 너무 커서 도저히 헤아릴 수가 없다.

⊙ 륙자(六者)를

선업습실의법(善業習悉意法)이라 하는데

이를 행(行)하는 것은

공덕(功德)이 너무 커서 도저히 헤아릴 수가 없다.

七者精進習悉意法不可稱量八者飾身習悉意法不可稱量
칠자정진습실의법불가칭량팔자식신습실의법불가칭량

⊙ 칠자(七者)를

정진습실의법(精進習悉意法)이라 하는데

이를 행(行)하는 것은

공덕(功德)이 너무 커서 도저히 헤아릴 수가 없다.

⊙ 팔자(八者)를

식신습실의법(飾身習悉意法)이라 하는데

이를 행(行)하는 것은

공덕(功德)이 너무 커서 도저히 헤아릴 수가 없다.

九者遣情習悉意法不可稱量十者普心習悉意法不可稱量

⊙ 구자(九者)를
견정습실의법(遣情習悉意法)이라 하는데
이를 행(行)하는 것은
공덕(功德)이 너무 커서 도저히 헤아릴 수가 없다.

⊙ 십자(十者)를
보심습실의법(普心習悉意法)이라 하는데
이를 행(行)하는 것은
공덕(功德)이 너무 커서 도저히 헤아릴 수가 없다.

是爲十種習悉意法

이상(以上)과 같은 열 가지 종류(種類)가
실(實)답게 의념(意念)을 습관(習慣)들이는 습실의법(習悉意法)이다.

(17)
太上曰復有十種善防言法不可稱量何等爲十種善防言法

태상(太上)께서

다시
열 가지 종류(種類)의
공덕(功德)이 너무 커서 도저히 헤아릴 수가 없는,
언덕(言德)을 지키고 방호(防護)하는
선방언법(善防言法)에 대(對)하여 말씀하시었다.

열 가지 종류(種類)의 선방언법(善防言法)이라 하는가?

어떠한 것을

지혜선방언법(智慧善防言法)이라 하는데
- 일자(一者)를

이를 행(行)하는 것은
공덕(功德)이 너무 커서 도저히 헤아릴 수가 없다.
- 이자(二者)를
자비선방언법(慈悲善防言法)이라 하는데
이를 행(行)하는 것은

一者智慧善防言法不可稱量二者慈悲善防言法不可稱量

일자지혜선방언법불가칭량이자자비선방언법불가칭량

공덕(功德)이 너무 커서 도저히 헤아릴 수가 없다.

◉ 삼자(三者)를
삼자함인선방언법불가칭량사자행공선방언법불가칭량
三者咸忍善防言法不可稱量四者行功善防言法不可稱量
함인선방언법(咸忍善防言法)이라 하는데
이를 행(行)하는 것은
공덕(功德)이 너무 커서 도저히 헤아릴 수가 없다.

◉ 사자(四者)를
행공선방언법(行功善防言法)이라 하는데
이를 행(行)하는 것은
공덕(功德)이 너무 커서 도저히 헤아릴 수가 없다.

◉ 오자(五者)를
오자수심선방언법불가칭량륙자선업선방언법불가칭량
五者修心善防言法不可稱量六者善業善防言法不可稱量
수심선방언법(修心善防言法)이라 하는데
이를 행(行)하는 것은
공덕(功德)이 너무 커서 도저히 헤아릴 수가 없다.

- 륙자(六者)를
 선업선방언법(善業善防言法)이라 하는데
 이를 행(行)하는 것은
 공덕(功德)이 너무 커서 도저히 헤아릴 수가 없다.

七者精進善防言法不可稱量八者飾身善防言法不可稱量

- 칠자(七者)를
 정진선방언법(精進善防言法)이라 하는데
 이를 행(行)하는 것은
 공덕(功德)이 너무 커서 도저히 헤아릴 수가 없다.

- 팔자(八者)를
 식신선방언법(飾身善防言法)이라 하는데
 이를 행(行)하는 것은
 공덕(功德)이 너무 커서 도저히 헤아릴 수가 없다.

九者遣情善防言法不可稱量十者普心善防言法不可稱量

- 구자(九者)를
 견정선방언법(遣情善防言法)이라 하는데
 이를 행(行)하는 것은
 공덕(功德)이 너무 커서 도저히 헤아릴 수가 없다.

- 십자(十者)를
 보심선방언법(普心善防言法)이라 하는데
 이를 행(行)하는 것은
 공덕(功德)이 너무 커서 도저히 헤아릴 수가 없다.

是爲十種善防言法

시위십종선방언법

이상(以上)과 같은 열 가지 종류(種類)가
언덕(言德)을 지키고 방호(防護)하는 선방언법(善防言法)이다.

(18)
太上曰復有十種不亂轉法不可稱量何等爲十種不亂轉法

태상왈부유십종불란전법불가칭량하등위십종불란전법

태상(太上)께서
다시
열 가지 종류(種類)의

공덕(功德)이 너무 커서 도저히 헤아릴 수가 없는,

혼란(混亂) 없이 법륜(法輪)을 굴리는 불란전법(不亂轉法)에 대(對)하여 말씀하시었다.

어떠한 것을 열 가지 종류(種類)의 불란전법(不亂轉法)이라 하는가?

일자지혜불란전법불가칭량이자자비불란전법불가칭량
一者智慧不亂轉法不可稱量二者慈悲不亂轉法不可稱量

⊙ 일자(一者)를
지혜불란전법(智慧不亂轉法)이라 하는데
이를 행(行)하는 것은
공덕(功德)이 너무 커서 도저히 헤아릴 수가 없다.

⊙ 이자(二者)를
자비불란전법(慈悲不亂轉法)이라 하는데
이를 행(行)하는 것은
공덕(功德)이 너무 커서 도저히 헤아릴 수가 없다.

三者咸忍不亂轉法不可稱量四者行功不亂轉法不可稱量
五者修心不亂轉法不可稱量六者善業不亂轉法不可稱量

⊙ 삼자(三者)를
  함인불란전법(咸忍不亂轉法)이라 하는데
  이를 행(行)하는 것은
  공덕(功德)이 너무 커서 도저히 헤아릴 수가 없다.

⊙ 사자(四者)를
  행공불란전법(行功不亂轉法)이라 하는데
  이를 행(行)하는 것은
  공덕(功德)이 너무 커서 도저히 헤아릴 수가 없다.

⊙ 오자(五者)를
  수심불란전법(修心不亂轉法)이라 하는데
  이를 행(行)하는 것은
  공덕(功德)이 너무 커서 도저히 헤아릴 수가 없다.

⊙ 류자(六者)를
  선업불란전법(善業不亂轉法)이라 하는데

이를 행(行)하는 것은 공덕(功德)이 너무 커서 도저히 헤아릴 수가 없다.

七者精進不亂轉法不可稱量八者飾身不亂轉法不可稱量

⊙ 칠자정진불란전법불가칭량팔자식신불란전법불가칭량

칠자(七者)를 정진불란전법(精進不亂轉法)이라 하는데 이를 행(行)하는 것은 공덕(功德)이 너무 커서 도저히 헤아릴 수가 없다.

팔자(八者)를 식신불란전법(飾身不亂轉法)이라 하는데 이를 행(行)하는 것은 공덕(功德)이 너무 커서 도저히 헤아릴 수가 없다.

九者遣情不亂轉法不可稱量十者普心不亂轉法不可稱量

⊙ 구자견정불란전법불가칭량십자보심불란전법불가칭량

구자(九者)를 견정불란전법(遣情不亂轉法)이라 하는데 이를 행(行)하는 것은 공덕(功德)이 너무 커서 도저히 헤아릴 수가 없다.

◉ 십자(十者)를
보심불란전법(普心不亂轉法)이라 하는데
이를 행(行)하는 것은
공덕(功德)이 너무 커서 도저히 헤아릴 수가 없다.

시위십종불란전법
是爲十種不亂轉法

이상(以上)과 같은 열 가지 종류(種類)가
혼란(混亂)없이 법륜(法輪)을 굴리는 불란전법(不亂轉法)이다.

(19)
태상왈부유십종불오념법불가칭량하등위십종불오념법
太上曰復有十種不悟念法不可稱量何等爲十種不悟念法

태상(太上)께서
다시
열 가지 종류(種類)의
공덕(功德)이 너무 커서 도저히 헤아릴 수가 없는,
죽을 각오(覺悟)를 세우지 못하는 것을 다스리는

불오념법(不悟念法)에 대(對)하여 말씀하시었다.

어떠한 것을

열 가지 종류(種類)의 불오념법(不悟念法)이라 하는가?

一者智慧不悟念法不可稱量二者慈悲不悟念法不可稱量

- 일자(一者)를

지혜불오념법(智慧不悟念法)이라 하는데

이를 행(行)하는 것은

공덕(功德)이 너무 커서 도저히 헤아릴 수가 없다.

- 이자(二者)를

자비불오념법(慈悲不悟念法)이라 하는데

이를 행(行)하는 것은

공덕(功德)이 너무 커서 도저히 헤아릴 수가 없다.

三者咸忍不悟念法不可稱量四者行功不悟念法不可稱量

- 삼자(三者)를

五者修心不悟念法不可稱量六者善業不悟念法不可稱量

함인불오념법(咸忍不悟念法)이라 하는데
이를 행(行)하는 것은
공덕(功德)이 너무 커서 도저히 헤아릴 수가 없다.

⊙ 사자(四者)를
행공불오념법(行功不悟念法)이라 하는데
이를 행(行)하는 것은
공덕(功德)이 너무 커서 도저히 헤아릴 수가 없다.

⊙ 오자(五者)를
수심불오념법(修心不悟念法)이라 하는데
이를 행(行)하는 것은
공덕(功德)이 너무 커서 도저히 헤아릴 수가 없다.

⊙ 육자(六者)를
선업불오념법(善業不悟念法)이라 하는데
이를 행(行)하는 것은
공덕(功德)이 너무 커서 도저히 헤아릴 수가 없다.

七者精進不悟念法不可稱量八者飾身不悟念法不可稱量

- 칠자(七者)를
  정진불오념법(精進不悟念法)이라 하는데
  이를 행(行)하는 것은
  공덕(功德)이 너무 커서 도저히 헤아릴 수가 없다.

- 팔자(八者)를
  식신불오념법(飾身不悟念法)이라 하는데
  이를 행(行)하는 것은
  공덕(功德)이 너무 커서 도저히 헤아릴 수가 없다.

九者遣情不悟念法不可稱量十者普心不悟念法不可稱量

- 구자(九者)를
  견정불오념법(遣情不悟念法)이라 하는데
  이를 행(行)하는 것은
  공덕(功德)이 너무 커서 도저히 헤아릴 수가 없다.

- 십자(十者)를
  보심불오념법(普心不悟念法)이라 하는데

이를 행(行)하는 것은 공덕(功德)이 너무 커서 도저히 헤아릴 수가 없다.

시위십종불오념법
是爲十種不悟念法

이상(以上)과 같은 열 가지 종류(種類)가 죽을 각오(覺悟)를 세우지 못하는 것을 다스리는 불오념법(不悟念法)이다.

(20)

태상왈부유십종불피념법불가칭량하등위십종불피념법
太上曰復有十種不彼念法不可稱量何等爲十種不彼念法

태상(太上)께서 다시 열 가지 종류(種類)의 공덕(功德)이 너무 커서 도저히 헤아릴 수가 없는, 천(賤)하고 비속(卑俗)한 념(念)을 일어나지 못하게 하는 불피념법(不彼念法—彼亦匪也)에 대(對)하여 말씀하시었다.

어떠한 것을

열 가지 종류(種類)의 불피념법(不彼念法)이라 하는가?

一者智慧不彼念法不可稱量二者慈悲不彼念法不可稱量

⊙ 일자(一者)를

지혜불피념법(智慧不彼念法)이라 하는데

이를 행(行)하는 것은

공덕(功德)이 너무 커서 도저히 헤아릴 수가 없다.

⊙ 이자(二者)를

자비불피념법(慈悲不彼念法)이라 하는데

이를 행(行)하는 것은

공덕(功德)이 너무 커서 도저히 헤아릴 수가 없다.

三者咸忍不彼念法不可稱量四者行功不彼念法不可稱量

⊙ 삼자(三者)를

함인불피념법(咸忍不彼念法)이라 하는데

이를 행(行)하는 것은

- 공덕(功德)이 너무 커서 도저히 헤아릴 수가 없다.

· 사자(四者)를
　행공불피념법(行功不彼念法)이라 하는데
　이를 행(行)하는 것은
　공덕(功德)이 너무 커서 도저히 헤아릴 수가 없다.

五者修心不彼念法不可稱量 六者善業不彼念法不可稱量
오자수심불피념법불가칭량 륙자선업불피념법불가칭량

· 오자(五者)를
　수심불피념법(修心不彼念法)이라 하는데
　이를 행(行)하는 것은
　공덕(功德)이 너무 커서 도저히 헤아릴 수가 없다.

· 륙자(六者)를
　선업불피념법(善業不彼念法)이라 하는데
　이를 행(行)하는 것은
　공덕(功德)이 너무 커서 도저히 헤아릴 수가 없다.

七者精進不彼念法不可稱量八者飾身不彼念法不可稱量
칠자정진불피념법불가칭량 팔자식신불피념법불가칭량

- 칠자(七者)를
  정진불피념법(精進不彼念法)이라 하는데
  이를 행(行)하는 것은
  공덕(功德)이 너무 커서 도저히 헤아릴 수가 없다.

- 팔자(八者)를
  식신불피념법(飾身不彼念法)이라 하는데
  이를 행(行)하는 것은
  공덕(功德)이 너무 커서 도저히 헤아릴 수가 없다.

- 구자(九者)를
  견정불피념법(遣情不彼念法)이라 하는데
  이를 행(行)하는 것은
  공덕(功德)이 너무 커서 도저히 헤아릴 수가 없다.

- 십자(十者)를
  보심불피념법(普心不彼念法)이라 하는데
  이를 행(行)하는 것은
  공덕(功德)이 너무 커서 도저히 헤아릴 수가 없다.

九者遣情不彼念法不可稱量十者普心不彼念法不可稱量

구자견정불피념법불가칭량십자보심불피념법불가칭량

(21) 是爲十種不彼念法
시 위 십 종 불 피 념 법

이상(以上)과 같은 열 가지 종류(種類)가 천(賤)하고 비속(卑俗)한 념(念)을 일어나지 못하게 하는 불피념법(不彼念法―彼亦匪也)이다.

太上曰復有十種不悠想法不可稱量何等爲十種不悠想法
태 상 왈 부 유 십 종 불 유 상 법 불 가 칭 량 하 등 위 십 종 불 유 상 법

태상(太上)께서

다시

열 가지 종류(種類)의

공덕(功德)이 너무 커서 도저히 헤아릴 수가 없는,

우수(憂愁)의 정(情)이 자꾸 일어나는 것을 다스리는

불유상법(不悠想法―悠者憂思)에 대(對)하여 말씀하시었다.

어떠한 것을

열 가지 종류(種類)의 불유상법(不悠想法)이라 하는가?

一三五

一者智慧不悠想法不可稱量二者慈悲不悠想法不可稱量三者咸忍不悠想法不可稱量四者行功不悠想法不可稱量

- 일자(一者)를
  지혜불유상법(智慧不悠想法)이라 하는데
  이를 행(行)하는 것은
  공덕(功德)이 너무 커서 도저히 헤아릴 수가 없다.

- 이자(二者)를
  자비불유상법(慈悲不悠想法)이라 하는데
  이를 행(行)하는 것은
  공덕(功德)이 너무 커서 도저히 헤아릴 수가 없다.

- 삼자(三者)를
  함인불유상법(咸忍不悠想法)이라 하는데
  이를 행(行)하는 것은
  공덕(功德)이 너무 커서 도저히 헤아릴 수가 없다.

- 사자(四者)를
  행공불유상법(行功不悠想法)이라 하는데

이를 행(行)하는 것은 공덕(功德)이 너무 커서 도저히 헤아릴 수가 없다.

五者修心不悠想法不可稱量六者善業不悠想法不可稱量

⊙ 오자(五者)를
수심불유상법(修心不悠想法)이라 하는데
이를 행(行)하는 것은
공덕(功德)이 너무 커서 도저히 헤아릴 수가 없다.

⊙ 륙자(六者)를
선업불유상법(善業不悠想法)이라 하는데
이를 행(行)하는 것은
공덕(功德)이 너무 커서 도저히 헤아릴 수가 없다.

七者精進不悠想法不可稱量八者飾身不悠想法不可稱量

⊙ 칠자(七者)를
정진불유상법(精進不悠想法)이라 하는데
이를 행(行)하는 것은

공덕(功德)이 너무 커서 도저히 헤아릴 수가 없다.

⊙ 팔자(八者)를
식신불유상법(飾身不悠想法)이라 하는데
이를 행(行)하는 것은
공덕(功德)이 너무 커서 도저히 헤아릴 수가 없다.

九者遣情不悠想法不可稱量十者普心不悠想法不可稱量
구자견정불유상법불가칭량십자보심불유상법불가칭량

⊙ 구자(九者)를
견정불유상법(遣情不悠想法)이라 하는데
이를 행(行)하는 것은
공덕(功德)이 너무 커서 도저히 헤아릴 수가 없다.

⊙ 십자(十者)를
보심불유상법(普心不悠想法)이라 하는데
이를 행(行)하는 것은
공덕(功德)이 너무 커서 도저히 헤아릴 수가 없다.

是爲十種不悠想法
시위십종불유상법

(22)

太上曰復有十種無常定法不可稱量何等爲十種無常定法

이상(以上)과 같은 열 가지 종류(種類)가 우수(憂愁)의 정(情)이 자꾸 일어나는 것을 다스리는 불유상법(不悠想法—悠者憂思)이다.

태상(太上)께서

다시

열 가지 종류(種類)의

공덕(功德)이 너무 커서 도저히 헤아릴 수가 없는,

영원(永遠)히 고정(固定)된 제법(諸法)이 없다는 것을 아는

무상정법(無常定法)에 대(對)하여 말씀하시었다.

어떠한 것을

열 가지 종류(種類)의 무상정법(無常定法)이라 하는가?

一者智慧無常定法不可稱量二者慈悲無常定法不可稱量

일자지혜무상정법불가칭량이자자비무상정법불가칭량

三者咸忍無常定法不可稱量四者行功無常定法不可稱量

- 일자(一者)를
  지혜무상정법(智慧無常定法)이라 하는데
  이를 행(行)하는 것은
  공덕(功德)이 너무 커서 도저히 헤아릴 수가 없다.

- 이자(二者)를
  자비무상정법(慈悲無常定法)이라 하는데
  이를 행(行)하는 것은
  공덕(功德)이 너무 커서 도저히 헤아릴 수가 없다.

- 삼자(三者)를
  함인무상정법(咸忍無常定法)이라 하는데
  이를 행(行)하는 것은
  공덕(功德)이 너무 커서 도저히 헤아릴 수가 없다.

- 사자(四者)를
  행공무상정법(行功無常定法)이라 하는데
  이를 행(行)하는 것은
  공덕(功德)이 너무 커서 도저히 헤아릴 수가 없다.

五者修心無常定法不可稱量六者善業無常定法不可稱量

- 오자(五者)를
수심무상정법(修心無常定法)이라 하는데
이를 행(行)하는 것은
공덕(功德)이 너무 커서 도저히 헤아릴 수가 없다。

- 륙자(六者)를
선업무상정법(善業無常定法)이라 하는데
이를 행(行)하는 것은
공덕(功德)이 너무 커서 도저히 헤아릴 수가 없다。

七者精進無常定法不可稱量八者飾身無常定法不可稱量

- 칠자(七者)를
정진무상정법(精進無常定法)이라 하는데
이를 행(行)하는 것은
공덕(功德)이 너무 커서 도저히 헤아릴 수가 없다。

- 팔자(八者)를
식신무상정법(飾身無常定法)이라 하는데

구자견정무상정법불가칭량십자보심무상정법불가칭량

九者遣情無常定法不可稱量十者普心無常定法不可稱量

⊙ 구자(九者)를
견정무상정법(遣情無常定法)이라 하는데
이를 행(行)하는 것은
공덕(功德)이 너무 커서 도저히 헤아릴 수가 없다.

⊙ 십자(十者)를
보심무상정법(普心無常定法)이라 하는데
이를 행(行)하는 것은
공덕(功德)이 너무 커서 도저히 헤아릴 수가 없다.

시위십종무상정법
是爲十種無常定法

이상(以上)과 같은 열 가지 종류(種類)가
영원(永遠)히 고정(固定)된 제법(諸法)이 없다는 것을 아는
무상정법(無常定法)이다.

(23)
太上曰復有十種無常的法不可稱量何等爲十種無常的法

태상(太上)께서
다시
열 가지 종류(種類)의
공덕(功德)이 너무 커서 도저히 헤아릴 수가 없는,
영원(永遠)히 확실(確實)한 제법(諸法)이 없다는 것을 아는
무상적법(無常的法)에 대(對)하여 말씀하시었다.

어떠한 것을
열 가지 종류(種類)의 무상적법(無常的法)이라 하는가?

- 일자(一者)를

一者智慧無常的法不可稱量二者慈悲無常的法不可稱量

지혜무상적법(智慧無常的法)이라 하는데
이를 행(行)하는 것은
공덕(功德)이 너무 커서 도저히 헤아릴 수가 없다.

◉ 이자(二者)를
자비무상적법(慈悲無常的法)이라 하는데
이를 행(行)하는 것은
공덕(功德)이 너무 커서 도저히 헤아릴 수가 없다.

三者咸忍無常的法不可稱量四者行功無常的法不可稱量

◉ 삼자(三者)를
함인무상적법(咸忍無常的法)이라 하는데
이를 행(行)하는 것은
공덕(功德)이 너무 커서 도저히 헤아릴 수가 없다.

◉ 사자(四者)를
행공무상적법(行功無常的法)이라 하는데
이를 행(行)하는 것은
공덕(功德)이 너무 커서 도저히 헤아릴 수가 없다.

五者修心無常的法不可稱量六者善業無常的法不可稱量

◉ 오자(五者)를

수심무상적법(修心無常的法)이라 하는데
이를 행(行)하는 것은
공덕(功德)이 너무 커서 도저히 헤아릴 수가 없다.

- 륙자(六者)를
선업무상적법(善業無常的法)이라 하는데
이를 행(行)하는 것은
공덕(功德)이 너무 커서 도저히 헤아릴 수가 없다.

- 칠자(七者)를
정진무상적법(精進無常的法)이라 하는데
이를 행(行)하는 것은
공덕(功德)이 너무 커서 도저히 헤아릴 수가 없다.

- 팔자(八者)를
식신무상적법(飾身無常的法)이라 하는데
이를 행(行)하는 것은
공덕(功德)이 너무 커서 도저히 헤아릴 수가 없다.

七者精進無常的法不可稱量八者飾身無常的法不可稱量

九者遣情無常的法不可稱量十者普心無常的法不可稱量
구자견정무상적법불가칭량십자보심무상적법불가칭량

◉ 구자(九者)를
견정무상적법(遣情無常的法)이라 하는데
이를 행(行)하는 것은
공덕(功德)이 너무 커서 도저히 헤아릴 수가 없다.

◉ 십자(十者)를
보심무상적법(普心無常的法)이라 하는데.
이를 행(行)하는 것은
공덕(功德)이 너무 커서 도저히 헤아릴 수가 없다.

是爲十種無常的法
시위십종무상적법

이상(以上)과 같은 열 가지 종류(種類)가
영원(永遠)히 확실(確實)한 제법(諸法)이 없다는 것을 아는
무상정법(無常定法)이다.

(24)
太上曰復有十種無常顧法不可稱量何等爲十種無常顧法
태상왈부유십종무상고법불가칭량하등위십종무상고법

태상(太上)께서

다시

열 가지 종류(種類)의

공덕(功德)이 너무 커서 도저히 헤아릴 수가 없는,

영원(永遠)히 뒤돌아 볼 제법(諸法)이 없다는 것을 아는

무상고법(無常顧法)에 대(對)하여 말씀하시었다.

어떠한 것을

열 가지 종류(種類)의 무상고법(無常顧法)이라 하는가?

一者智慧無常顧法不可稱量二者慈悲無常顧法不可稱量

- 일자(一者)를

일자지혜무상고법불가칭량이자자비무상고법불가칭량

지혜무상고법(智慧無常顧法)이라 하는데

이를 행(行)하는 것은

공덕(功德)이 너무 커서 도저히 헤아릴 수가 없다.

- 이자(二者)를

자비무상고법(慈悲無常顧法)이라 하는데

이를 행(行)하는 것은 공덕(功德)이 너무 커서 도저히 헤아릴 수가 없다.

三者咸忍無常顧法不可稱量四者行功無常顧法不可稱量

⊙ 삼자(三者)를
함인무상고법(咸忍無常顧法)이라 하는데
이를 행(行)하는 것은
공덕(功德)이 너무 커서 도저히 헤아릴 수가 없다.

⊙ 사자(四者)를
행공무상고법(行功無常顧法)이라 하는데
이를 행(行)하는 것은
공덕(功德)이 너무 커서 도저히 헤아릴 수가 없다.

五者修心無常顧法不可稱量六者善業無常顧法不可稱量

⊙ 오자(五者)를
수심무상고법(修心無常顧法)이라 하는데
이를 행(行)하는 것은

● 공덕(功德)이 너무 커서 도저히 헤아릴 수가 없다.

● 육자(六者)를
선업무상고법(善業無常顧法)이라 하는데
이를 행(行)하는 것은
공덕(功德)이 너무 커서 도저히 헤아릴 수가 없다.

七者精進無常顧法不可稱量八者飾身無常顧法不可稱量
칠자정진무상고법불가칭량팔자식신무상고법불가칭량

● 칠자(七者)를
정진무상고법(精進無常顧法)이라 하는데
이를 행(行)하는 것은
공덕(功德)이 너무 커서 도저히 헤아릴 수가 없다.

● 팔자(八者)를
식신무상고법(飾身無常顧法)이라 하는데
이를 행(行)하는 것은
공덕(功德)이 너무 커서 도저히 헤아릴 수가 없다.

九者遣情無常顧法不可稱量十者普心無常顧法不可稱量
구자견정무상고법불가칭량십자보심무상고법불가칭량

- 구자(九者)를
  견정무상고법(遣情無常顧法)이라 하는데
  이를 행(行)하는 것은
  공덕(功德)이 너무 커서 도저히 헤아릴 수가 없다.

- 십자(十者)를
  보심무상고법(普心無常顧法)이라 하는데
  이를 행(行)하는 것은
  공덕(功德)이 너무 커서 도저히 헤아릴 수가 없다.

시위십종무상고법
是爲十種無常顧法

이상(以上)과 같은 열 가지 종류(種類)가
영원(永遠)히 뒤돌아 볼 제법(諸法)이 없다는 것을 아는
무상고법(無常顧法)이다.

(25)
태상왈부유십종불추회법불가칭량하등위십종불추회법
太上曰復有十種不追懷法不可稱量何等爲十種不追懷法

태상(太上)께서
다시

공덕(功德)이 너무 커서 도저히 헤아릴 수가 없는、

추회(追懷)할 제법(諸法)이 없다는 것을 아는 불추회법(不追懷法)에 대(對)하여 말씀하시었다.

어떠한 것을

열 가지 종류(種類)의 불추회법(不追懷法)이라 하는가?

一者智慧不追懷法不可稱量二者慈悲不追懷法不可稱量

⊙ 일자(一者)를

지혜불추회법(智慧不追懷法)이라 하는데

이를 행(行)하는 것은

공덕(功德)이 너무 커서 도저히 헤아릴 수가 없다.

⊙ 이자(二者)를

자비불추회법(慈悲不追懷法)이라 하는데

이를 행(行)하는 것은

공덕(功德)이 너무 커서 도저히 헤아릴 수가 없다.

三者咸忍不追懷法不可稱量四者行功不追懷法不可稱量

- 삼자(三者)를
함인불추회법(咸忍不追懷法)이라 하는데
이를 행(行)하는 것은
공덕(功德)이 너무 커서 도저히 헤아릴 수가 없다.

- 사자(四者)를
행공불추회법(行功不追懷法)이라 하는데
이를 행(行)하는 것은
공덕(功德)이 너무 커서 도저히 헤아릴 수가 없다.

五者修心不追懷法不可稱量六者善業不追懷法不可稱量

- 오자(五者)를
수심불추회법(修心不追懷法)이라 하는데
이를 행(行)하는 것은
공덕(功德)이 너무 커서 도저히 헤아릴 수가 없다.

- 륙자(六者)를
선업불추회법(善業不追懷法)이라 하는데

이를 행(行)하는 것은 공덕(功德)이 너무 커서 도저히 헤아릴 수가 없다.

七者精進不追懷法不可稱量八者飾身不追懷法不可稱量

⊙ 칠자정진불추회법불가칭량팔자식신불추회법불가칭량

칠자(七者)를
정진불추회법(精進不追懷法)이라 하는데
이를 행(行)하는 것은
공덕(功德)이 너무 커서 도저히 헤아릴 수가 없다.

⊙ 팔자(八者)를
식신불추회법(飾身不追懷法)이라 하는데
이를 행(行)하는 것은
공덕(功德)이 너무 커서 도저히 헤아릴 수가 없다.

九者遣情不追懷法不可稱量十者普心不追懷法不可稱量

⊙ 구자견정불추회법불가칭량십자보심불추회법불가칭량

구자(九者)를
견정불추회법(遣情不追懷法)이라 하는데
이를 행(行)하는 것은

공덕(功德)이 너무 커서 도저히 헤아릴 수가 없다.

◉ 십자(十者)를
보심불추회법(普心不追懷法)이라 하는데
이를 행(行)하는 것은
공덕(功德)이 너무 커서 도저히 헤아릴 수가 없다.

시위십종불추회법
是爲十種不追懷法

이상(以上)과 같은 열 가지 종류(種類)가
추회(追懷)할 제법(諸法)이 없다는 것을 아는
불추회법(不追懷法)이다.

(26)
태상왈부유십종무유예법불가칭량하등위십종무유예법
太上曰復有十種無猶豫法不可稱量何等爲十種無猶豫法

태상(太上)께서
다시
열 가지 종류(種類)의
공덕(功德)이 너무 커서 도저히 헤아릴 수가 없는,

망설이거나 머뭇거릴 제법(諸法)이 없다는 것을 아는
무유예법(無猶豫法)에 대(對)하여 말씀하시었다.

열 가지 종류(種類)의 무유예법(無猶豫法)이라 하는가?

어떠한 것을

일자지혜무유예법불가칭량이자자비무유예법불가칭량
一者智慧無猶豫法不可稱量二者慈悲無猶豫法不可稱量

⊙ 일자(一者)를

지혜무유예법(智慧無猶豫法)이라 하는데

이를 행(行)하는 것은

공덕(功德)이 너무 커서 도저히 헤아릴 수가 없다.

⊙ 이자(二者)를

자비무유예법(慈悲無猶豫法)이라 하는데

이를 행(行)하는 것은

공덕(功德)이 너무 커서 도저히 헤아릴 수가 없다.

삼자함인무유예법불가칭량사자행공무유예법불가칭량
三者咸忍無猶豫法不可稱量四者行功無猶豫法不可稱量

⊙ 삼자(三者)를

一五五

함인무유예법(咸忍無猶豫法)이라 하는데
이를 행(行)하는 것은
공덕(功德)이 너무 커서 도저히 헤아릴 수가 없다.

◉ 사자(四者)를
행공무유예법(行功無猶豫法)이라 하는데
이를 행(行)하는 것은
공덕(功德)이 너무 커서 도저히 헤아릴 수가 없다.

五者修心無猶豫法不可稱量六者善業無猶豫法不可稱量
오자수심무유예법불가칭량륙자선업무유예법불가칭량

◉ 오자(五者)를
수심무유예법(修心無猶豫法)이라 하는데
이를 행(行)하는 것은
공덕(功德)이 너무 커서 도저히 헤아릴 수가 없다.

◉ 륙자(六者)를
선업무유예법(善業無猶豫法)이라 하는데
이를 행(行)하는 것은
공덕(功德)이 너무 커서 도저히 헤아릴 수가 없다.

七者精進無猶豫法不可稱量八者飾身無猶豫法不可稱量

- 칠자(七者)를
  정진무유예법(精進無猶豫法)이라 하는데
  이를 행(行)하는 것은
  공덕(功德)이 너무 커서 도저히 헤아릴 수가 없다.

- 팔자(八者)를
  식신무유예법(飾身無猶豫法)이라 하는데
  이를 행(行)하는 것은
  공덕(功德)이 너무 커서 도저히 헤아릴 수가 없다.

九者遣情無猶豫法不可稱量十者普心無猶豫法不可稱量

- 구자(九者)를
  견정무유예법(遣情無猶豫法)이라 하는데
  이를 행(行)하는 것은
  공덕(功德)이 너무 커서 도저히 헤아릴 수가 없다.

- 십자(十者)를
  보심무유예법(普心無猶豫法)이라 하는데

이를 행(行)하는 것은 공덕(功德)이 너무 커서 도저히 헤아릴 수가 없다.

是爲十種無猶豫法
시위십종무유예법

이상(以上)과 같은 열 가지 종류(種類)가 망설이거나 머뭇거릴 제법(諸法)이 없다는 것을 아는 무유예법(無猶豫法)이다.

(27)
太上曰復有十種忍不可忍法不可稱量何等爲十種忍不可忍法
태상왈부유십종인불가인법불가칭량하등위십종인불가인법

태상(太上)께서 다시 열 가지 종류(種類)의 공덕(功德)이 너무 커서 도저히 헤아릴 수가 없는, 도저히 참을 수 없는 것을 참는 인불가인법(忍不可忍法)에 대(對)하여 말씀하시었다.

어떠한 것을

열 가지 종류(種類)의 인불가인법(忍不可忍法)이라 하는가?

一者智慧忍不可忍法不可稱量二者慈悲忍不可忍法不可稱量

⊙ 일자(一者)를
  지혜인불가인법(智慧忍不可忍法)이라 하는데
  이를 행(行)하는 것은
  공덕(功德)이 너무 커서 도저히 헤아릴 수가 없다.

⊙ 이자(二者)를
  자비인불가인법(慈悲忍不可忍法)이라 하는데
  이를 행(行)하는 것은
  공덕(功德)이 너무 커서 도저히 헤아릴 수가 없다.

三者咸忍忍不可忍法不可稱量四者行功忍不可忍法不可稱量

⊙ 삼자(三者)를
  함인인불가인법(咸忍忍不可忍法)이라 하는데
  이를 행(行)하는 것은

- 사자(四者)를
  행공인불가인법(行功忍不可忍法)이라 하는데
  이를 행(行)하는 것은
  공덕(功德)이 너무 커서 도저히 헤아릴 수가 없다。

五者修心忍不可忍法不可稱量六者善業忍不可忍法不可稱量
오자수심인불가인법불가칭량륙자선업인불가인법불가칭량

- 오자(五者)를
  수심인불가인법(修心忍不可忍法)이라 하는데
  이를 행(行)하는 것은
  공덕(功德)이 너무 커서 도저히 헤아릴 수가 없다。

- 륙자(六者)를
  선업인불가인법(善業忍不可忍法)이라 하는데
  이를 행(行)하는 것은
  공덕(功德)이 너무 커서 도저히 헤아릴 수가 없다。

七者精進忍不可忍法不可稱量八者飾身忍不可忍法不可稱量
칠자정진인불가인법불가칭량팔자식신인불가인법불가칭량

- 칠자(七者)를
정진인불가인법(精進忍不可忍法)이라 하는데
이를 행(行)하는 것은
공덕(功德)이 너무 커서 도저히 헤아릴 수가 없다.

- 팔자(八者)를
식신인불가인법(飾身忍不可忍法)이라 하는데
이를 행(行)하는 것은
공덕(功德)이 너무 커서 도저히 헤아릴 수가 없다.

九者遣情忍不可忍法不可稱量十者普心忍不可忍法不可稱量
구자견정인불가인법불가칭량십자보심인불가인법불가칭량

- 구자(九者)를
견정인불가인법(遣情忍不可忍法)이라 하는데
이를 행(行)하는 것은
공덕(功德)이 너무 커서 도저히 헤아릴 수가 없다.

- 십자(十者)를
보심인불가인법(普心忍不可忍法)이라 하는데
이를 행(行)하는 것은
공덕(功德)이 너무 커서 도저히 헤아릴 수가 없다.

시위십종인불가인법
是爲十種忍不可忍法

이상(以上)과 같은 열 가지 종류(種類)가
도저히 참을 수 없는 것을 참는
인불가인법(忍不可忍法)이다.

도언부동현경자개천지지원도덕지종상성성소존귀귀신소
道言夫洞玄經者蓋天地之源道德之宗上聖所尊貴鬼神所

도(道)에서 말씀하셨다.

동현경(洞玄經)은
천지(天地)의 근원(根源)이며 도덕(道德)의 종주(宗主)이다.
훌륭하오신 성인(聖人)들께서 존귀(尊貴)하게 여기셨고
귀신(鬼神)들은 두려워하며 굴복(屈伏)하였다.

외복기고칙출구천지상기심칙통구지지하천변만화도진
畏伏其高則出九天之上其深則通九地之下千變萬化道盡

높게는 구천(九天)의 위에까지 사무치고
깊이로는 구지(九地)의 아래에까지도 관통(貫通)한다.
천변만화(千變萬化)의 도(道)가 이곳에서 소진(消盡)하였다.

於此若復有人能於此經受持讀誦心無懈怠即得生無量智

만약(萬若)에 사람들이
이 경(經)을 지속적(持續的)으로
독송(讀誦)하기를
해태(懈怠)하지 않고 성심(誠心)을 다하면,
무량(無量)한 지혜(智慧)가 나오고

慧增無量善因滅無量業障消無量煩惱延無量壽算長無量

무량(無量)한 선인(善因)이 증폭(增幅)하고
무량(無量)한 업장(業障)이 흔적(痕迹)없이 사라지고
무량(無量)한 번뇌(煩惱)가 불에 태운 듯 소멸(消滅)하고

무량수(無量壽)한 수(數)로 수명(壽命)이 길어지며

복전세세환영생생쾌락항수공경초사류전리익중생시위
福田世世歡榮生生快樂恒須恭敬抄寫流傳利益衆生是爲

무량(無量)한 복전(福田)이 자라나며

세세(世世)마다 환영(歡迎) 받고 영화(榮華)로울 것이며

생생(生生)마다 쾌락(快樂)한 삶을 누리게 될 것이다.

항상(恒常) 변(變)함 없는 마음으로

모름지기

베껴 쓰고 필사(筆寫)하여 공경(恭敬)하며

류전(流傳)하여 중생(衆生)들에게 이익(利益)되게 하라.

무량진인문설신수봉행
無量眞人聞說信受奉行

이와 같이

무량(無量)한 진인(眞人)들이 설법(說法)을 듣고

신심(信心)으로 받아 봉행(奉行)하였다.

⑨ (太上十二品法輪勸戒經云)

太上十二品法輪勸戒經云受眞戒者使戒根牢固如玄都山

태상십이품법륜권계경(太上十二品法輪勸戒經)에서 말하였다.

진계(眞戒)를 받은 사람은
계(戒)가
확고(確固)하기가
현도산(玄都山)과 같아야 하고

戒相端嚴如玉京殿戒德光明如琉璃珠

계상(戒相)은
단정(端正)하고 엄숙(嚴肅)하기가
옥경전(玉京殿)과 같아야 하며

계덕(戒德)은
광명(光明)스럽기가
류리주(琉璃珠)와 같이 밝아야 할 것이다.

⑩ (洞玄靈寶千眞科戒云)

洞玄靈寶千眞科戒云靜思入定降伏外魔名爲淨戒 又云

동현령보천진과계(洞玄靈寶千眞科戒)에서 말하였다.

정사(靜思)로 선정(禪定)에 들면
외마(外魔)가 항복(降伏)할 것이다.
이를 정계(淨戒)라 한다.

棄色斷情長齋持戒

또 말하였다.

색(色)을 버리고 정(情)을 끊는 것을 장재(長齋)라 하며 지계(持戒)라고 하는 것이다.

⑪ **(靈寶元陽妙經云)**
령보원양묘경운

靈寶元陽妙經云有持淸淨法戒者則得眞道
령보원양묘경운유지청정법계자칙득진도

령보원양묘경(靈寶元陽妙經)에서 말하였다.

청정(淸淨)하게 법계(法戒)를 지키면 진도(眞道)를 얻게 된다.

⑫ **(玉皇本行集經云)**
옥황본행집경운

玉皇本行集經云奉戒專一冥心大道淸齋宏誓千萬劫中
옥황본행집경운봉계전일명심대도청재굉서천만겁중

一六七

옥황본행집경(玉皇本行集經)에서 말하였다.

又云但能淸淨持戒專一並能修齋護持淨戒者是人功德坦

계법(戒法)을 받들고
오로지 한결같이 대도(大道)에 깊은 마음으로 사무치고
청재(淸齋)를 천만겁(千萬劫)에 걸쳐 지킬 것을 서원(誓願)하라.

또 말하였다.

다만 청정(淸淨)하게 계법(戒法)을 지킬 것을 오로지 한결같이 하라.
장재(長齋)를 닦고
정계(淨戒)를 수호(守護)하고 지킨다면
이는 공덕(功德)이 있는 사람이기 때문에

然無礙自在逍遙號人中聖德慧常新

마음이 편안(便安)하고 거리낌이 없어 소요자재(逍遙自在)하므로
사람들이 성인(聖人)이라 부를 것이고

一六八

덕혜(德慧)는 항상 새로울 것이다.

⑬ (碧玉眞宮大戒規)

벽옥진궁대계규

碧玉眞宮大戒規云一戒曰不殺微命二戒曰不起淫意三戒曰不生諍念四戒曰不盜一芥五戒曰不欺一愚六戒曰敦行

벽옥진궁대계규(碧玉眞宮大戒規)에서 말하였다.

⊙ 일계(一戒), 하찮은 미물(微物)이라고 죽이지 마라.

⊙ 이계(二戒), 마음속으로라도 음심(淫心)을 일으키지 말라.

⊙ 삼계(三戒), 생각으로라도 다투는 마음을 내지 말라.

⊙ 사계(四戒), 겨자씨 한낱이라도 도둑질 하지 말라.

⊙ 오계(五戒), 한 어리석은 사람이라도 속이지 말라.

⊙ 륙계(六戒), 성실(誠實)하게 온 힘을 다 쏟아라.

一六九

盡力七戒曰語言無妄八戒曰千魔不轉九戒曰宏發願力十
　⊙ 칠계(七戒), 언어(言語)에 망령(妄靈)됨이 없이 하라.
　⊙ 팔계(八戒), 천마(千魔)가 달려들어도 끄떡하지 말라.
　⊙ 구계(九戒), 광대(廣大)한 원력(願力)을 발(發)하라.
　⊙ 십계(十戒), 성인(聖人) 받들기를 게을리하지 말라.

戒曰事聖不倦又曰上乘惟一道捨此難成覺七百二十門要
또 말하였다.
　상승(上乘)은
　다만 이 한 길 뿐이기 때문에
　이 길을 버리고는 정각(正覺)을 이룰 수 없다.

⑭ **(戒律訣文經云)**
계율결문경운

戒律訣文經云志學之士急務修齋齋以齋心守戒爲主外來

계률결문경운지학지사급무수재재이재심수계위주외래

칠백이십요계율결문경(七百二十門要戒律訣文經)에서 말하였다.

도(道)에 뜻을 둔

지학지사(志學之士)의 급선무(急先務)는 재(齋)를 닦는 일이다.

재(齋)란

마음을 깨끗이 하는 것이며

수계(守戒)를 위주(爲主)로 삼는다.

日動內住日寂來不驚寂去不勞動動而不勞不離寂也寂而

왈동내주왈적래불경적거불로동동이불로리적야적이

밖에서 오는 것을 동(動)이라 하고

안에 자리 잡고 있는 것을 적(寂)이라 한다.

동(動)이 안으로 들어와도 적(寂)이 밖으로 나가도 동(動)

적(寂)이 밖으로 나가도 동(動) 때문에 힘들지도 않으며,

밖에서 아무리 움직여도 진로(塵勞)에 휩쓸림이 없고

안에서 밖으로 아무리 떠돌아 다녀도 역시(亦是) 적(寂)이다.

不驚不疑動也寂照明徹故無驚疑無驚疑者常樂常住住無

불경불의동야적조명철고무경의무경의자상락상주주무

不驚不疑動也寂照明徹故無驚疑無驚疑者常樂常住住無

적(寂)이란

시끄럽게 경동(驚動)하는 바도 없고

의아(疑訝)해 하며 들썩거리는 바도 없다.

적(寂)이란

어느 곳이나 환히 밝게 비추기 때문에

놀라며 의아(疑訝)해 할 필요(必要)가 없다는 것이고

놀라며 의아(疑訝)해 할 필요(必要)가 없는 것이다.

영원(永遠)히 삼매화(三昧華)를 즐긴다는 것은

항상(恒常) 존재(存在)하며 변(變)하지 않는다는 것이다.

소주위이무위위도지최우왈변화무궁유오수일수일수자

所住爲而無爲爲道之最又曰變化無窮由悟守一守一須資

영구(永久)히 변(變)하지 않고 그대로 있는 것이지만

또한

唯戒爲急持之不虧邪不得入自然混合與道同眞由戒入道

유계위급지지불휴사불득입자연혼합여도동진유계입도

오직 계법(戒法)만을 급선무(急先務)로 삼는 것이다.

반드시

수일(守一)의 자산(資産)은

변화(變化)가 무궁무진(無窮無盡)한 것은

수일(守一)을 깨닫는데서 인연(因緣)이 일어난 것으로,

또 말하였다.

도(道)의 최고(最高)의 경지(境地)이다.

하려고 해야 더 할 것이 없는 것이

영원히 한 자리에 그대로 머물러 있는 것도 아니며,

계법(戒法)을 지킴에 부족(不足)하거나 어김이 없으면

사악(邪惡)한 것들이 엿보거나 쳐들어오지 못하기 때문에

자연적(自然的)으로 도(道)와 혼연일체(渾然一體)가 되고 진상(眞常)과 동일(同一)하게 되는 것이다.

그러므로,

계(戒) 때문에
도(道)에 들어가게 되는 것이므로

고위지문
故謂之門

계(戒)를
도(道)에 들어가는
문(門)이라고 말하는 것이다.

⑮ **(太微靈書紫文仙眞忌記上經云)**

태미령서자문선진기기상경운

太微靈書紫文仙眞忌記上經云人雖有仙相宜切戒者有數
條而其中犯而必敗者曰淫魄液外漏精光枯竭神焦魄散曰

태미령서자문선진기기상경(太微靈書紫文仙眞忌記上經)에서 말하였다.

사람들이 요행(僥倖)히 신선(神仙)을 만나
신선(神仙)과 서로 얼굴을 마주한다고 해도
의당(宜當)히
끊고 지켜야 할 절계(切戒)에 몇 가지 조항(條項)이 있는데,
그 이 기 중 범이 필 패 자 왈 음 매 액 외 루 정 광 고 갈 신 초 백 산 왈
그 가운데 하나라도 범(犯)하는 것이 있으면
반드시
패배자(敗北者)가 될 것이다.

이르기를,
음란(淫亂)하게 몸을 굴려
속칭(俗稱), 매액(魄液)이라 불리는
영혼물질(靈魂物質)인 소중(所重)한 정액(精液)이
귀매망량(鬼魅魍魎)의 장난으로 밖으로 쏟아져 새버리면,
정광(精光)이 고갈(枯竭)되므로
정신(精神)은 초조(焦燥)해지고 혼백(魂魄)은 흩어질 것이다.

酒魄忘本室魄遊怨宅曰勿食肉食則神不守眞魄生邪勃曰
주매망본실백유원택왈물식육식칙신불수진백생사발왈

또 이르기를,
술에 취(醉)하면 매망(魄忘)이 들고 일어나 몸을 차지하므로
귀매망량(鬼魅魍魎)에게 맑은 넋을 빼앗겨
본실(本室)을 망각(忘却)하고
혼백(魂魄)은 밖으로 쫓겨나 자기 집안을 원망(怨望)하게 될 것이다.

또 이르기를,
남의 살덩이인

짐승의 시체(屍體)를 뜯어먹지 말라.

짐승의 시체(屍體)인 남의 살덩이를 먹으면

정신(精神)이 진백(眞魄)을 지키지 못하므로

사악(邪惡)한 것들이 벌떼처럼 들고 일어날 것이다.

勿殺生以罪求仙仙不可得

살생(殺生)하지 말라.

비록 축생(畜生)이나 생명(生命)을 가진 어느 것이라도

남의 생명(生命)을 끊어 놓는 죄(罪)를 짓고서

어떻게 선(仙)을 구(求)한다 하며

그런 죄(罪)를 짓고서

어떻게 선(仙)을 이룰 수 있겠는가?

⑯ (靈寶大乘妙法蓮華眞經內云)

靈寶大乘妙法蓮華眞經內云學道之本當戒七傷而尤要者

령보대승묘법련화진경(靈寶大乘妙法蓮華眞經)에서 말하였다.

도(道)를 배우는 근본(根本)은

응당(應當)히

칠상(七傷)을 경계(警戒)해야 하는 것인데,

그 가운데 중요(重要)한 것이 네 가지가 있다.

有四一則帶眞行僞淫色喪神魂液洩漏精光枯乾一則飮酒

⊙ 일즉(一則) —

진짜(眞)를 지녔다고 거짓 행세(行勢)를 하며

음색(淫色)에 빠져 정신(精神)을 잃고

매액(魂液)이라 불리는 속칭(俗稱)、

영혼물질(靈魂物質)인 소중(所重)한 정액(精液)이

귀매망량(鬼魅魍魎)에 의(依)해 밖으로 새어 쏟아지면

정광(精光)이 고갈(枯竭)되므로

정신(精神)은 초조(焦燥)해지고 혼백(魂魄)은 흩어질 것이다.

⊙ 일즉(一則) —
술을 마셔대는 것이며

⊙ 일즉(一則) —
정기(正氣)가 훼손(毀損)되어 령소(靈素)를 잃는 것이며

⊙ 일즉(一則) —
짐승의 시체(屍體)를 먹으므로

일 칙 손 기 상 령 일 칙 담 육 취 기 충 어 장 부   우 운 학 도 자 요 재
一則損氣喪靈一則啖肉臭氣充於臟腑　又云學道者要在

짐승의 시체(屍體) 썩는 악취(惡臭)가 오장육부(五臟六腑)에 가득 차 밖에까지 풍기게 될 것이다.

또 말하였다.

도(道)를 배우려고 하는 학도자(學道者)는

行合冥科然後始涉大道之境
행합명과연후시섭대도지경

행동(行動)과 명과(冥科)가 합(合)해져서 하나가 된 연후(然後)에나 비로소
대도(大道)의 경지(境地)를 섭렵(涉獵)하게 될 것이다.

⑰ (孚佑帝君十戒)
부우제군십계

孚佑帝君十戒功過格一曰戒殺二曰戒盜三曰戒淫四曰戒
부우제군십계공과격일왈계살이왈계도삼왈계음사왈계

부우제군십계공과격(孚佑帝君十戒功過格)에서 말하였다.

⊙ 일왈(一曰), 살생(殺生)을 금(禁)하라.
⊙ 이왈(二曰), 투도(偸盜)를 금(禁)하라.
⊙ 삼왈(三曰), 음행(淫行)을 금(禁)하라.

惡口五日戒兩舌六日戒綺語七日戒妄八日戒貪九日戒瞋

⊙ 사왈(四曰), 악구(惡口)를 금(禁)하라.
⊙ 오왈(五曰), 양설(兩舌)을 금(禁)하라.
⊙ 륙왈(六曰), 기어(綺語)를 금(禁)하라.
⊙ 칠왈(七曰), 망어(妄語)를 금(禁)하라.
⊙ 팔왈(八曰), 간탐(慳貪)을 금(禁)하라.
⊙ 구왈(九曰), 진애(瞋恚)를 금(禁)하라.

十日戒癡以上數條粗說戒相若詳言之三洞眞文內天仙大

⊙ 십왈(十曰), 우치(愚癡)를 금(禁)하라.

이상(以上)의 몇 가지는

대충 엉성하게 계상(戒相)을 설명(說明)한 것인데、

만약(萬若)에 더 상세(詳細)하게 알고 싶으면

戒窮劫說之亦不能盡今卽
계궁겁설지역불능진금즉

삼동진문내천선대계궁겁설(三洞眞文內天仙大戒窮劫說)을 보면

여기에서 다 하지 못한 말을 볼 수가 있을 것이다。

⑱ **(玉光普照天尊碧玉眞宮大戒規)**
옥광보조천존벽옥진궁대계문

玉光普照天尊碧玉眞宮大戒問於汝等諸法子聽受戒規端
옥광보조천존벽옥진궁대계문어여등제법자청수계규단

옥광보조천존벽옥진궁대계문(玉光普照天尊碧玉眞宮大戒問)에

그대들 여러 법자(法子)들은 들으라。

계규(戒規)를 수지(受持)하고

단정(端正)하게 립지(立志)를 세우라.

❶ 在立志志在精勤一眞不懈志在堅確萬有難惑
上帝云受戒者不殺微命是敎爾等發慈憫心千戒萬戒無非

상제(上帝)께서 말씀하셨다.

뜻을 세워 정근(精勤)하기를 한결같이 진심(眞心)을 다하고
게으르지 않고 의지(意志)가 견고(堅固)하고 확실(確實)하면
만 가지 의혹(疑惑)이 덤벼들지 못할 것이다.

계(戒)를 받은 사람은

아무리 하찮은

미물(微物)일지라도 생명(生命)을 끊거나 죽이지 말라.

이 가르침인

자민심(慈憫心)을 갖기를 그대들은 발원(發願)하라.

一八三

圓滿這個慈憫心諸法子何以具有此心須要自今以始迄無
量劫世界有盡我此慈憫心量無盡此無量心能持否衆白盡

원만저개자민심제법자하이구유차심수요자금이시흘무
량겁세계유진아차자민심량무진차무량심능지부중백진

천(千)가지 계(戒)
만(萬)가지 계(戒)가
모두
원만(圓滿)함을 갖추기 위한 것이 아님이 없다.
저 자민심(慈憫心)을
여러 법자(法子)들은 어떻게 구족(具足)할 것인가?
이 자민심(慈憫心)을
반드시
지금부터 시작(始作)하여
무량겁(無量劫)의
세계(世界)가 끝날 때까지 지켜야 한다.

一八四

이 자민심(慈愍心)을 한량(限量)없이 가져서
소진(消盡)되어
없어지는 일이 있어서는 안 될 것이다.
이 한량(限量)없는
자민심(慈愍心)을 능(能)히 지킬 수 있겠는가?

形壽命常持此心依教奉行
형 수 명 상 지 차 심 의 교 봉 행

이에
대중(大衆)들이
말씀을 아뢰며 서원(誓願)을 하였다.
저희들이
이 몸이 수명(壽命)을 다할 때까지 항상 지키겠나이다.
가르치신
이 자민심(慈愍心)을 의지(依支)로 삼고
한결같이 받들어 봉행(奉行)하겠나이다.

❷ 上帝云受戒者不起淫意是教爾等發潔白心千戒萬戒無非
상제(上帝)께서 말씀하셨다.

계(戒)를 받은 사람은
음행(淫行)을 하거나
음심(淫心)마저도 고개를 쳐들지 못하게 하라.

이 가르침인
결백심(潔白心)을 갖기를 그대들은 발원(發願)하라.

천(千) 가지 계(戒)
만(萬) 가지 계(戒)가
모두
원만(圓滿)함을 갖추기 위한 것이 아님이 없다.

圓滿這個潔白心諸法子何以具有此心須要自今以始迄無
저 결백심(潔白心)을

여러 법자(法子)들은 어떻게 구족(具足)할 것인가?

이 결백심(潔白心)을
반드시
지금부터 시작(始作)하여

량겁세계유진아차결백심량무진차무량심능지부중백진
量劫世界有盡我此潔白心量無盡此無量心能持否衆白盡

무량겁(無量劫)의
세계(世界)가 끝날 때까지 지켜야 한다.

이 결백심(潔白心)을 한량(限量)없이 가져서
소진(消盡)되어
없어지는 일이 있어서는 안 될 것이다.

이 한량(限量)없는
결백심(潔白心)을 능(能)히 지킬 수 있겠는가?

형수명상지차심의교봉행
形壽命常持此心依敎奉行

一八七

이에
대중(大衆)들이
말씀을 아뢰며 서원(誓願)을 하였다.

저희들이
이 몸이 수명(壽命)을 다할 때까지 항상 지키겠나이다.

가르치신
이 결백심(潔白心)을 의지(依支)로 삼고
한결같이 받들어 봉행(奉行)하겠나이다.

❸ 上帝云受戒者不生諍念是敎爾等發忍辱心千戒萬戒無非

상제운수계자불생쟁념시고이등발인욕심천계만계무비

상제(上帝)께서 말씀하셨다.

계(戒)를 받은 사람은
다투려는 쟁념(諍念)을 내지 말라.

이 가르침인

인욕심(忍辱心)을 그대들은 발원(發願)하라.

천(千) 가지 계(戒)
만(萬) 가지 계(戒)가
모두
원만(圓滿)함을 갖추기 위한 것이 아님이 없다.

圓滿這個忍辱心諸法子何以具有此心須要自今以始迄無量劫世界有盡我此忍辱心量無盡此無量心能持否衆白盡

저 인욕심(忍辱心)을
여러 법자(法子)들은 어떻게 구족(具足)할 것인가?
이 인욕심(忍辱心)을
반드시
지금부터 시작(始作)하여
무량겁(無量劫)의

세계(世界)가 끝날 때까지 지켜야 한다.

이 인욕심(忍辱心)을 한량(限量)없이 가져서 소진(消盡)되어 없어지는 일이 있어서는 안 될 것이다.

이 한량(限量)없는 인욕심(忍辱心)을 능(能)히 지킬 수 있겠는가?

形壽命常持此心依敎奉行
형 수명 상 지 차 심 의 교 봉 행

이에
대중(大衆)들이 아뢰며 서원(誓願)을 하였다.
저희들이
이 몸이 수명(壽命)을 다할 때까지 항상 지키겠나이다.
가르치신
이 인욕심(忍辱心)을 의지(依支)로 삼고

一九〇

④ 上帝云受戒者不盜一芥是教爾等發明淨心千戒萬戒無非

상제(上帝)께서 말씀하셨다.

계(戒)를 받은 사람은
아무리 하찮은 겨자씨 한 낱이라도 훔치지 말라.

이 가르침인
명정심(明淨心)을 갖기를 그대들은 발원(發願)하라.

천(千) 가지 계(戒)
만(萬) 가지 계(戒)가
모두
원만(圓滿)함을 갖추기 위한 것이 아님이 없다.

한결같이 받들어 봉행(奉行)하겠나이다.

圓滿這個明淨心諸法子何以具有此心須要自今以始迄無
量劫世界有盡我此明淨心量無盡此無量心能持否衆白盡

저 명정심(明淨心)을
여러 법자(法子)들은 어떻게 구족(具足)할 것인가?

이 명정심(明淨心)을
반드시
지금부터 시작(始作)하여

무량겁(無量劫)의
세계(世界)가 끝날 때까지 지켜야 한다.

이 명정심(明淨心)을 한량(限量)없이 가져서
소진(消盡)되어
없어지는 일이 있어서는 안 될 것이다.

이 한량(限量)없는

명정심(明淨心)을 능(能)히 지킬 수 있겠는가?

形壽命常持此心依敎奉行
형수명상지차심의교봉행

이에
대중(大衆)들이 서원(誓願)을 아뢰었다.

저희들이
이 몸이 수명(壽命)을 다 할 때까지 항상 지키겠나이다.

가르치신
이 명정심(明淨心)을 의지(依支)로 삼고
한결같이 받들어 봉행(奉行)하겠나이다.

❺
上帝云受戒者不欺一愚是敎爾等發眞實心千戒萬戒無非
상제운수계자불기일우시교이등발진실심천계만계무비

상제(上帝)께서 말씀하셨다.

계(戒)를 받은 사람은

한 어리석은 사람이라도 속이지 말라.

이 가르침인

진실심(眞實心)을 갖기를 그대들은 발원(發願)하라.

천(千) 가지 계(戒)

만(萬) 가지 계(戒)가

모두

원만(圓滿)함을 갖추기 위한 것이 아님이 없다.

圓滿這個眞實心諸法子何以具有此心須要自今以始迄無

저 진실심(眞實心)을

여러 법자(法子)들은 어떻게 구족(具足)할 것인가?

이 진실심(眞實心)을

반드시

지금부터 시작(始作)하여

量劫世界有盡我此眞實心量無盡此無量心能持否眾白盡
形壽命常持此心依教奉行

무량겁(無量劫)의 세계(世界)가 끝날 때까지 지켜야 한다.

이 진실심(眞實心)을 한량(限量)없이 가져서 소진(消盡)되어 없어지는 일이 있어서는 안 될 것이다.

이 한량(限量)없는 진실심(眞實心)을 능(能)히 지킬 수 있겠는가?

이에 대중(大衆)들이 말씀을 아뢰며 서원(誓願)을 하였다.

저희들이 이 몸이 수명(壽命)을 다 할 때까지 항상 지키겠나이다.

❻ 上帝云受戒者敦行盡力是敎爾等發報本心千戒萬戒無非

상제(上帝)께서 말씀하셨다.

계(戒)를 받은 사람은
성실(誠實)하게 행동(行動)하고 온힘을 다 쏟아라.
이 가르침인
보본심(報本心)을 갖기를 그대들은 발원(發願)하라.
천(千)가지 계(戒)
만(萬)가지 계(戒)가
모두
원만(圓滿)함을 갖추기 위한 것이 아님이 없다.

가르치신
이 진실심(眞實心)을 의지(依支)로 삼고
한결같이 받들어 봉행(奉行)하겠나이다.

圓滿這個報本心諸法子何以具有此心須要自今以始迄無
원만저개보본심제법자하이구유차심수요자금이시흘무

저 보본심(報本心)을
여러 법자(法子)들은 어떻게 구족(具足)할 것인가?
이 보본심(報本心)을
반드시
지금부터 시작(始作)하여

量劫世界有盡我此報本心量無盡此無量心能持否眾白盡
량겁세계유진아차보본심량무진차무량심능지부중백진

무량겁(無量劫)의
세계(世界)가 끝날 때까지 지켜야 한다.
이 보본심(報本心)을 한량(限量)없이 가져서
소진(消盡)되어
없어지는 일이 있어서는 안 될 것이다.

이 한량(限量)없는

보본심(報本心)을 능(能)히 지킬 수 있겠는가?

形壽命常持此心依敎奉行
형 수 명 상 지 차 심 의 교 봉 행

이에

대중(大衆)들이 말씀을 아뢰며 서원(誓願)을 하였다.

저희들이

이 몸이 수명(壽命)을 다 할 때까지 항상 지키겠나이다.

가르치신

이 보본심(報本心)을 의지(依支)로 삼고

한결같이 받들어 봉행(奉行)하겠나이다.

❼ **上帝云受戒者語言無妄是敎爾等發誠一心千戒萬戒無非**
상 제 운 수 계 자 어 언 무 망 시 교 이 등 발 성 일 심 천 계 만 계 무 비

상제(上帝)께서 말씀하셨다.

계(戒)를 받은 사람은

圓滿這個誠一心諸法子何以具有此心須要自今以始迄無
원만저개성일심제법자하이구유차심수요자금이시흘무

언어(言語)에 있어 망령(妄靈)된 말을 하지 말라.

이 가르침인

성일심(誠一心)을 갖기를 그대들은 발원(發願)하라.

천(千)가지 계(戒)

만(萬)가지 계(戒)가

모두

원만(圓滿)함을 갖추기 위한 것이 아님이 없다.

저 성일심(誠一心)을

여러 법자(法子)들은 어떻게 구족(具足)할 것인가?

이 성일심(誠一心)을

반드시

지금부터 시작(始作)하여

量劫世界有盡我此誠一心量無盡此無量心能持否眾白盡
량겁세계유진아차성일심량무진차무량심능지부중백진

무량겁(無量劫)의 세계(世界)가 끝날 때까지 지켜야 한다.

이 성일심(誠一心)을 한량(限量)없이 가져서 소진(消盡)되어 없어지는 일이 있어서는 안 될 것이다.

이 한량(限量)없는 성일심(誠一心)을 능(能)히 지킬 수 있겠는가?

形壽命常持此心依教奉行
형수명상지차심의교봉행

이에 대중(大衆)들이 말씀을 아뢰며 서원(誓願)을 하였다.

저희들이 이 몸이 수명(壽命)을 다 할 때까지 항상 지키겠나이다.

⑧

上帝云受戒者千魔不轉是敎爾等發堅固心千戒萬戒無非

상제(上帝)께서 말씀하셨다.

계(戒)를 받은 사람은
천만마(千萬魔)가 달려들어도 무릎을 꿇지 말라.

이 가르침인
견고심(堅固心)을 갖기를 그대들은 발원(發願)하라.
천(千)가지 계(戒)
만(萬)가지 계(戒)가
모두
원만(圓滿)함을 갖추기 위한 것이 아님이 없다.

가르치신
이 성일심(誠一心)을 의지(依支)로 삼고
한결같이 받들어 봉행(奉行)하겠나이다.

圓滿這個堅固心諸法子何以具有此心須要自今以始迄無

量劫世界有盡我此堅固心量無盡此無量心能持否衆白盡

저 견고심(堅固心)을
여러 법자(法子)들은 어떻게 구족(具足)할 것인가?

이 견고심(堅固心)을
반드시
지금부터 시작(始作)하여

무량겁(無量劫)의
세계(世界)가 끝날 때까지 지켜야 한다.

이 견고심(堅固心)을 한량(限量)없이 가져서
소진(消盡)되어
없어지는 일이 있어서는 안 될 것이다.

이 한량(限量)없는 견고심(堅固心)을 능(能)히 지킬 수 있겠는가?

形壽命常持此心依敎奉行
형수명상지차심의교봉행

이에
대중(大衆)들이 말씀을 아뢰며 서원(誓願)을 하였다.

저희들이
이 몸이 수명(壽命)을 다 할 때까지 항상 지키겠나이다.

가르치신
이 견고심(堅固心)을 의지(依支)로 삼고
한결같이 받들어 봉행(奉行)하겠나이다.

⑨ 上帝云受戒者宏發願力是敎爾等發廣大心千戒萬戒無非
상제운수계자굉발원력시교이등발광대심천계만계무비

상제(上帝)께서 말씀하셨다.

계(戒)를 받은 사람은
광대(廣大)한 원력(願力)으로 분발(奮發)하도록 하라.

이 가르침인
광대심(廣大心)을 그대들은 발원(發願)하라.

천(千) 가지 계(戒)
만(萬) 가지 계(戒)가
모두
원만(圓滿)함을 갖추기 위한 것이 아님이 없다.

圓滿這個廣大心諸法子何以具有此心須要自今以始迄無

원만저개광대심제법자하이구유차심수요자금이시흘무

저 광대심(廣大心)을
여러 법자(法子)들은 어떻게 구족(具足)할 것인가?

이 광대심(廣大心)을
반드시
지금부터 시작(始作)하여

量劫世界有盡我此廣大心量無盡此無量心能持否眾白盡
形壽命常持此心依教奉行

무량겁(無量劫)의
세계(世界)가 끝날 때까지 지켜야 한다.
이 광대심(廣大心)을 한량(限量)없이 가져서
소진(消盡)되어
없어지는 일이 있어서는 안 될 것이다.
이 한량(限量)없는
광대심(廣大心)을 능(能)히 지킬 수 있겠는가?

이에
대중(大衆)들이 말씀을 아뢰며 서원(誓願)을 하였다.

저희들이
이 몸이 수명(壽命)을 다 할 때까지 항상 지키겠나이다.

❿

上帝云受戒者事聖不倦是敎爾等發精進心千戒萬戒無非

상제께서 말씀하셨다.

계(戒)를 받은 사람은
성사(聖事)를 섬김에 싫증을 내지 말라.
이 가르침인
정진심(精進心)을 그대들은 발원(發願)하라.
천(千) 가지 계(戒)
만(萬) 가지 계(戒)가
모두
원만(圓滿)함을 갖추기 위한 것이 아님이 없다.

가르치신
이 광대심(廣大心)을 의지(依支)로 삼고
한결같이 받들어 봉행(奉行)하겠나이다.

圓滿這個精進心諸法子何以具有此心須要自今以始迄無
量劫世界有盡我此精進心量無盡此無量心能持否眾白盡

저 정진심(精進心)을
여러 법자(法子)들은 어떻게 구족(具足)할 것인가?

이 정진심(精進心)을
반드시
지금부터 시작(始作)하여

무량겁(無量劫)의
세계(世界)가 끝날 때까지 지켜야 한다.

이 정진심(精進心)을 한량(限量)없이 가져서
소진(消盡)되어
없어지는 일이 있어서는 안 될 것이다.

이 한량(限量)없는

정진심(精進心)을 능(能)히 지킬 수 있겠는가?

形壽命常持此心依敎奉行
형 수 명 상 지 차 심 의 교 봉 행

이에

대중(大衆)들이 말씀을 아뢰며 서원(誓願)을 하였다.

저희들이

이 몸이 수명(壽命)을 다 할 때까지 항상 지키겠나이다.

가르치신

이 정진심(精進心)을 의지(依支)로 삼고

한결같이 받들어 봉행(奉行)하겠나이다.

⑲ **(天皇密呪)**
　　천 황 밀 주

諸法子能持此心戒可得受今示爾等天皇密呪以爲天仙證
제 법 자 능 지 차 심 계 가 득 수 금 시 이 등 천 황 밀 주 이 위 천 선 증

여러 법자(法子)들이
이와 같은
십대원심(十大願心)을
발원(發願)하여
일심(一心)으로 계(戒)를 지킨다면,
그대들에게
지금
현시(顯示)하는
천황밀주(天皇密咒)를 받을 수 있는데,
이 천황밀주(天皇密咒)는,
천선반열(天仙班列)에
이르는
증표(證票)가 되고 증과부권(證果符券)이 된다.

果符券至心恒持無量功德不可思議咒曰

지극(至極)한 마음으로 재계(齋戒)하며
항상(恒常) 지념(持念)한다면
공덕(功德)이
무량(無量)함은 정말로 불가사의(不可思議)할 것이다.

◉ 천황밀주(天皇密咒)
주력시(呪力時)에는
원문(原文)을 위주(爲主)로 삼을 것. ― 역자(譯者)

天生雲龍道本上昇張烈正氣麗於太淸輔弼正道行於正平

하늘에서 낸 구름을 타고 누비는 용(龍)처럼
도(道)의 본원(本源)으로 높이 상승(上昇)하여 올라가니
장렬(張烈)하게 펼쳐지는 정기(正氣)
태청(太淸)에까지 화려(華麗)하게 물들이고

六甲洞元九天超形福祿子孫先行自眞次及人皇人敬長生

류갑(六甲)은 동원(洞元)에 사무쳐
구천(九天)을 뚫어 형상(形象)을 뛰어넘고
자손(子孫)은 복록(福祿)을 향수(享受)하고
먼저 행(行)하여 자신(自身)은 진상(眞常)에 들고
다음은 인황(人皇)에까지 덕화(德化)가 미쳐
사람들이 공경(恭敬)하고 장생(長生)을 누리도다.

좌보우필(左輔右弼)은 정도(正道)로
어긋남 없이 고르게 운행(運行)하도다.

六丁九炁秘密眞成敬之終吉昊天貴名久之道妙身體常充

류정(六丁)의 구기(九炁)가 흘러넘쳐
알 수 없는 모습으로 진상(眞常)을 이루니

존경(尊敬)을 받으며 길상(吉祥)으로 끝을 맺고

호천(昊天)의 천선부(天仙簿)에도 귀(貴)한 이름을 올리고

역겁(歷劫)을 더하여 도묘(道妙)도 갖추고

몸은 진상(眞常)이 충만(充滿)하여 흘러넘치네.

문 차 진 구 여 도 합 진 급 급 여
聞此眞句與道合眞急急如

이와 같은

진구밀주(眞句密咒)를 듣는 자(者)

도(道)와 진(眞)과 합(合)해져서 결정체(結晶體)를 이룰지어다.

급급여(急急如)

원 시 천 존 률 령
元始天尊律令

원시천존률령(元始天尊律令)

大衆同持
대중동지

대중(大衆)들은
다 함께 받아 지니고 서원(誓願)하였다.

⑳ 太上常清常靜眞經 (一遍)
태상상청상정진경

太上曰大道無形生育天地大道無情運行日月大道無名長
태상왈대도무형생육천지대도무정운행일월대도무명장

태상(太上)께서 말씀하셨다.

대도(大道)는
형상(形象)은 없으나 천지(天地)를 낳아 기르고
대도(大道)는
무정(無情)하지만 일월(日月)을 운행(運行)하고
대도(大道)는

무명(無名)이지만 만물(萬物)을 자라나게 하고 키우는데

養萬物吾不知其名强名曰道夫道者有淸有濁有動有靜天
양만물오불지기명강명왈도부도자유청유탁유동유정천

내가
그 이름을 알 수가 없어서
도(道)라고 이름을 부르게 되었다.

도(道)에는,
맑음도 있고 탁함도 있고
움직임도 있고 고요함도 있고

淸地濁天動地靜男淸女濁男動女靜降本流末而生萬物淸
청지탁천동지정남청녀탁남동녀정강본류말이생만물청

하늘은 맑고 땅은 탁하며
하늘은 움직이고 땅은 고요하며
남자는 맑고 여자는 탁하며

二一四

남자는 움직이고 여자는 고요한데

이러한

청탁(淸濁)과 동정(動靜)이 본류(本流)가 되어

말초(末梢)에까지 내려와 만물(萬物)이 생겨났다.

者濁之源動者靜之基人能常淸靜天地悉皆歸夫人神好淸

맑은 것의 근원(根源)은 혼탁(混濁)한 곳이고

움직이는 것은 고요한 곳에서 기인(基因)하였다.

그러므로

사람이 항상(恒常) 청정(淸靜)하다면

천지(天地)가 모두 다 복귀(復歸)할 것이다.

而心擾之人心好靜而欲牽之常能遣其欲而心自靜澄其心

무릇

인신(人神)은

맑음을 좋아하나 마음이 사람을 요란(擾亂)하게 만들고

인심(人心)은

而神自清自然六欲不生三毒消滅所以不能者爲心未澄欲
이신자청자연류욕불생삼독소멸소이불능자위심미징욕

고요하고자 하나 욕구(欲求)가 항상(恒常) 잡아끌고 얽어매나니

만약(萬若)에

그 욕구(欲求)를 쳐낼 수 있다면

마음이 스스로 고요해지므로 그 마음은 맑아질 것이다.

그렇게 되면

정신(精神)은 저절로 맑아지고

자연(自然)히

륙욕(六欲)은 생겨나지 못하고

삼독(三毒)은 소멸(消滅)될 것이다.

그러나

그렇게 되지 못하는 것은

마음을 아직 맑게 하지 못했고

욕구(欲求)를 아직 쳐내지 못했기 때문이다.

未遣也能遣之者內觀其心心無其心外觀其形形無其形遠

욕구(欲求)를 잘라 내친 사람은

안으로 그 마음을
관(觀)해도
마음에 그 마음이 없고、

밖으로 그 형상(形象)을
관(觀)해도
형상(形象)에 그 형상(形象)이 없고、

觀其物物無其物三者旣悟惟見於空觀空亦空空無所空所

멀리 그 사물(事物)을
관(觀)해도
사물(事物)에 그 사물(事物)이 없다。

이 세 가지를 깨치면 진실로 공(空)을 보았다고 할진대、

空既無無亦無無既無湛然常寂寂無所寂欲豈能生欲

공(空)을 관(觀)해 보면
역시
공(空)도 공(空)이어서 공(空)한 바가 없고,
공(空)도 무(無)하여 없으므로
무(無)도 역시 무(無)한 것이어서 무(無)한 것이다.
무(無)하므로
담연(湛然)하여 항상(恒常) 적적(寂寂)할 것이다.
적(寂)하다고 하지만
적(寂)한 바도 없는데 욕구(欲求)가 어떻게 생겨날 수 있겠는가?

既不生即是眞靜眞常應物眞常得性常應常靜常淸靜矣如

기불생즉시진정진상응물진상득성상응상정상청정의여
욕구(欲求)가 생겨 날 리가 없으면
이것이 바로 진정(眞靜)이며 진상(眞常)이니라.

是淸靜漸入眞道旣入眞道名爲得道雖名得道實無所得爲
시청정점입진도기입진도명위득도수명득도실무소득위

사물(事物)과 맞부딪칠지라도 진상(眞常)일 수 있으며
이는 성(性)을 터득한 것으로
항상(恒常) 반응(反應)을 일으키면서도 항상(恒常) 고요하며
항상(恒常) 언제나 청정(淸靜)할 것이다.

이와 같이 청정(淸靜)하여져서
점차(漸次)로 진도(眞道)에 들어가는 것이며
이와 같이
진도(眞道)에 들었다면 득도(得道)했다고 이름을 부를 것이다.

그러나
득도(得道)했다고는 하지만 실상(實狀)은 얻은 바가 없고

化衆生名爲得道能悟之者可傳聖道
화중생명위득도능오지자가전성도

위화중생(爲化衆生)을 하여야만
비로소 득도(得道)했다고 이름을 붙일 것이다.

이와 같은 것을 깨친 사람은 가(可)히 성도(聖道)를 전(傳)할 수 있을 것이다.

老君曰上士無爭下士好爭上德不德下德執德執著之者不

로군(老君)께서 말씀하셨다.

상사(上士)는 다툼이 없고 하사(下士)는 다투기를 즐긴다.
상덕(上德)은 덕(德)이 없고 하덕(下德)은 덕(德)에 매달린다.
덕(德)에 매달리고 집착(執着)하는 자(者)는

名道德衆生所以不得眞道者爲有妄心旣有妄心卽驚其神

도덕(道德)한다고 이름을 붙일 필요도 없다.
중생(衆生)들이 진도(眞道)를 터득하지 못하는 것은 망심(妄心)이 있기 때문인데,
망심(妄心)이 있게 되면 신(神)이 놀라 들뜨게 되고

既驚其神即著萬物既著萬物即生貪求既生貪求即是煩惱

신(神)이 놀라 들뜨게 되면 곧 만물(萬物)에 집착(執着)하게 되고
만물(萬物)에 집착(執着)하게 되면 곧 탐구(貪求)가 생기게 되고
탐구(貪求)가 생기게 되면 곧 이것을 번뇌(煩惱)라고 한다.

煩惱妄想憂苦身心便遭濁辱流浪生死常沈苦海永失眞道

번뇌(煩惱)와 망상(妄想) 때문에
신심(身心)이 고달프고
혼탁(混濁)과 오욕(汚辱)을 당하고
생사(生死)에 류랑(流浪)하게 되며
항상(恒常)
고해(苦海)에 잠겨 영원히 진도(眞道)를 잃게 되나니,

眞常之道悟者自得得悟道者常淸靜矣

진상지도(眞常之道)를 깨친 자(者)는 저절로 얻을 것이고
깨침을 얻은 자(者)는 항상 언제나 청정(淸靜)할 것이다.

諸法子我今更示爾等
제법자아금갱시이등

여러 법자(法子)들아!
내가 지금 다시 그대들에게

㉑ (北斗玄靈心咒)
북두현령심주

北斗玄靈心咒以爲天仙金丹符券至心恒持無量功德不可思議
북두현령심주이위천선금단부권지심항지무량공덕불가사의

북두현령심주(北斗玄靈心咒)인 천선금단부권(天仙金丹符券)을 현시(顯示)하나니 지극(至極)한 마음으로 항상(恒常) 지송(持誦)하라.

무량(無量)한 공덕(功德)은 참으로 불가사의(不可思議)할 것이다.

주왈
咒曰
진언주왈(眞言咒曰)

南無囉怛哪怛囉夜耶怛你野他音拖曷伽嚩噄音末西嚩伽嚩噄阿
나모라다나다라야야다니야타 갈가마시 마가마시아
陀嚩噄攴音朴叺囉嚩噄摩訶攴叺囉嚩噄唵怛陀哪嚩噄嚩哩
다마시부 라마시마하부팔라마시옴다다니마시마리
攴耶嚩噄南無都音得諦囉嘿哂囉嘿哂輪猛平聲閉口作聲薩嚩音穢薩怛
부야마시나모사도 데라묵신라묵신맘 살바 살다
嚩難吒薩嚩怛囉薩嚩婆喩叺唥囉費避瓢沙嚩賀南無三盤
바난타살바다라살바바유팔나라비피표사바하나모삼반
陀沒多喃唵嚩哩啷咆娑訶
다몰다남옴마리즐망사하

대중동지
大衆同持
대중(大衆)들이

㉒ 高上玉皇心印妙經 (一遍)
고상옥황심인묘경

모두
지극(至極)한 마음으로
받들고
지념(持念)하며 지킬 것을 서원(誓願)하였다.

上藥三品神與氣精恍恍惚惚杳杳冥冥存無守有頃刻而成
상약삼품신여기정황황홀홀묘묘명명존무수유경각이성

위없는 상약(上藥)은
삼품(三品)으로
신(神)과 기(氣)와 정(精)이다.

황황홀홀(恍恍惚惚)하고 묘묘명명(杳杳冥冥)하여서
잡으려하면 아무것도 없지만
있는 것처럼 한결같이 지키면

순식간(瞬息間)에 이루어지리라.

迴風混合百日功靈默朝
회풍혼합백일공령묵조

회오리바람을 돌려 혼합(混合)하여 하나가 되면
백일정로(百日鼎爐) 만으로도
가마에
섬광(閃光)과 같은 공령(功靈)이 나타나
칙지(勅旨)를 받고 조회(朝會)에 나아가
상제(上帝)를 배알(拜謁)하고

上帝一紀飛昇知者易悟昧者難行踐履天光呼吸育淸出玄
상제일기비승지자이오매자난행천리천광호흡육청출현

일기(一紀)에도 비승(飛昇)하게 될 것이다.
아는 자(者)는 손쉽게 깨닫겠지만
어두운 자(者)는 행(行)하기가 참으로 어려울 것이다.

과률(科律)에 따라
천광(天光)을 초사(焦射)하며
들숨과 날숨을 청사(靑絲)로 맑게 걸러내고

入牝若亡若存綿綿不絶固蒂深根人各有精精合其神神合

현관(玄關)과 현빈(玄牝)을 들고 남에
없는 듯이 있는 듯이
끊임없이 이어져서
꼭지가 단단해지고 뿌리가 깊어지게 하라.
사람들에게는
정신(精神)을 담을 수 있는 정액(精液)이 있는데,
정액(精液)은
그 신(神)과 합(合)해져 하나가 되고,

其氣氣合體眞不得其眞皆是强名神能入石神能飛形入水

신(神)은
그 기(氣)와 합(合)해져 하나가 되고,

기(氣)는
몸과 일체(一體)가 되어
결정체(結晶體)인 진(眞)을 이루나니,

정기신(精氣神)이 만들어 낸 결정체(結晶體)인
그 진(眞)을 얻지 못하고는
모두가 억지로 이름을 지어 세상을 속일 뿐이다.

신(神)은
돌에도 들어갈 수도 있고
날아다닐 수도 있고

不溺入火不焚神依形生精依氣盈不凋不殘松柏青青三品
불익입화불분신의형생정의기영불조불잔송백청청삼품

물에 들어가도 물에 젖지도 않고
불에 들어가도 불에 타지도 않는다.

일리묘불가청기취칙유기산칙령칠규상통규규광명성일
一理妙不可聽其聚則有其散則零七竅相通竅竅光明聖日

정기신(精氣神) 삼품(三品)을
하나의 갈고리로 꿰뚫은
진리(眞理)는
참으로 묘(妙)하고도 아름다워
어디에서 듣도 보도 못한 복음(福音)이 아닐 수 없다.
모으면 있는 것이고
흩쳐버리면 아무것도 없는 것이다.

신(神)은
몸에 의지(依支)하여 정액(精液)을 내고
정액(精液)은
기운(氣運)을 의지(依支)하여 꽉 들어차 충만(充滿)하며,
송백(松柏)처럼 항상(恒常) 언제나 청청(靑靑)하다.
어느 한 쪽에 흠결(欠缺)이 있는 것도 아니어서
시들지도 않고

일곱 규혈(竅穴)이 서로 뚫려

규규(竅竅)마다 광명(光明)이 일어나면,

聖月照耀金庭一得永得自然身輕太和充溢骨散寒瓊得丹

성일성월(聖日聖月)이 조림(照臨)하여 금정(金庭)을 비출 것이다.

한 번 얻으면 영원(永遠)히 얻는 것으로

그렇게 되면

자연(自然)히 몸은 가벼워지고

태화(太和)의 진기(眞氣)가 충만(充滿)하고 흘러넘쳐서

뼈를 온통 비운 장부(丈夫)의 기상(氣像)과

청량(淸凉)한 미옥(美玉)과 같은 훌륭한 모습으로

대단(大丹)을 얻고

그야말로 신령(神靈)스러울 것이나、

則靈不得則傾丹在身中匪白匪靑誦持萬遍妙理自明

엊지 못한다면
그대로 무릎이 꺾이고 고개를 숙이게 될 것이다.

영육(靈肉)의 결정체(結晶體)인 단(丹)은
불괴지신(不壞之身)을 이룬
인신(人身)과 동일(同一)한 존재(存在)인데,

그 색(色)은
백색(白色)도 아니고 청색(靑色)도 아니다.

송지(誦持)하기를
삼경(三庚)에
만편(萬遍)을 채운다면,

묘리(妙理)를
저절로 명백(明白)하게 알게 될 것이다.

㉓ 제마심주 (除魔心咒)

諸法子我今更示爾等道祖除魔心咒以爲天仙金丹符券至
제법자아금갱시이등도조제마심주이위천선금단부권지

여러 법자(法子)들아!
내가 이제 다시
그대들에게
현시(顯示)하려고 하는 것은,
도조(道祖)께서 교시(敎示)하신
악마(惡魔)를 제거(除去)하는 제마심주(除魔心咒)인데,
이 제마심주(除魔心咒)를
천선금단부권(天仙金丹符券)이라고 한다.

心恒持無量功德不可思議

심항지무량공덕불가사의

지극(至極)한 마음으로 재계(齋戒)하며
항상(恒常) 지념(持念)한다면
공덕(功德)이
무량(無量)함은 정말로 불가사의(不可思議)할 것이다.

⊙ 제마심주(除魔心呪),
주력시(呪力時)에는
원문(原文)을 위주(爲主)로 삼을 것. ─ 역자(譯者)

三五雷霆正一玄宗道爲法本法滅魔情內魔旣蕩外魔亡形

삼오뢰정정일현종도위법본법멸마정내마기탕외마망형

삼오뢰정(三五雷霆)과 정일현종(正一玄宗)은
도(道)에서 다루고 있는 법률(法律)의 정본(正本)이다.
삼엄(森嚴)한 법률(法律)이
온갖 마정(魔情)을 전멸(全滅)시키니,

靈根合一霽月會空天罡在戌祖炁羅胸默朝帝座靜悟無生

령근합일제월회공천강재수조기라흉묵조제좌정오무생

령근(靈根)이 하나 되어
밝은 달과 창공(蒼空)에서 회합(會合)을 하고,
천강(天罡)은 수좌(戌座)에서
조기(祖炁)를
도량(度量)에 가득 사방(四方)으로 펼칠 때,
제좌(帝座) 앞에 나아가
묵묵(默默)히 조회(朝會)의 례(禮)을 올리고
조용히 무생(無生)을 깨닫는도다.

안에 있는 마(魔)도 모두 소탕(掃蕩) 되고
밖에 있는 마(魔)도 모조리 흔적(痕迹)도 없이 사라지도다.

至微至奧無盡無窮爽靈胎光幽精黃庭泥丸有電遍照洪濛

지미지오무진무궁상령태광유정황정니환유전편조홍몽

지극(至極)히 정미(精微)롭고

지극(至極)히 오묘(奧妙)하며
다 함도 없고 끝나는 곳도 없도다.

상령(爽靈)이여
태광(胎光)이여
유정(幽精)이여
황정(黃庭)이여
니환(泥丸)이여
전광석화(電光石火)와 같은 힘으로
대천계(大千界)를 두루 비추는 홍몽(洪濛)을 입고

일체마매영화진풍구양운화영보리궁오봉
一切魔魅永化塵風九陽運化永保離宮吾奉

일체(一切) 마매(魔魅)는
풍진(風塵)이 되어 영영(永永) 사라지고、
구양(九陽)께서 운전(運轉)하시는 신통변화(神通變化)는
영원(永遠)히 리궁(離宮)을 보호(保護)하시는도다.

오봉(吾奉)、

純陽道祖萬正紫極眞人勅令
순양도조만정자극진인칙령

순양도조만정자극진인칙령(純陽道祖萬正紫極眞人勅令)

大衆同持
대중동지

대중(大衆)들이
모두
지극(至極)한 마음으로
받들고
지념(持念)하며 지킬 것을 서원(誓願)하였다.

㉔ 警化孚佑上帝純陽呂祖天師心經(一遍)
경화부우상제순양려조천사심경

呂祖曰天生萬物惟人最靈匪人能靈實心是靈心爲主宰一

려조(呂祖)께서 말씀하셨다.

하늘이 만물(萬物)을 내신 중에

유독(惟獨)

사람만이 가장 영검하다.

사람이 영검한 것이 아니라

사실(事實)은

마음이 신령(神靈)스러운 것이다.

마음이란,

일신(一身)을 주재(主宰)하는 주군(主君)이며

身之君役使百骸區處羣情物無其物形無其形稟受於天良

일신(一身)의 주군(主君)이 되어

백해(百骸)를 부려 온갖 역사(役事)를 다 하며

이르는 구석구석마다 모두 정감(情感)을 불러일으키는데

무엇인가 있는가하여

물건(物件)처럼 잡으려해 보지만

그 물건(物件)이 실체(實體)가 있는 것도 아니고,

형상(形象)이 있는가하여

그 모습을 더듬어 보지만 그림자조차 있는 것도 아니다.

하늘에서

품수(稟受) 받은 것으로 량지량능(良知良能)한 것이지만,

知良能氣狗欲蔽日失其眞此心旣失此身亦傾欲善其身先
지량능기구욕폐일실기진차심기실차신역경욕선기신선

기질(氣質)에 구애(拘礙) 받고

욕구(欲求) 때문에 흑점(黑點)처럼 얼룩져

밝은 해가 가려

진면목(眞面目)을 잃게 되었도다.

治其心治心如何卽心治心
치기심치심여하즉심치심

마음을
다스리려면 어떻게 하여야 하는가?
마음은
마음으로 다스려야 할진대,

그 마음을 다스려야 할 것이다.

먼저
선(善)하고자 하는 사람은

그럼으로,

이 몸은
삐뚤어지게 되는 것이다.

이 마음을 잃게 되면、

이로로심치불효심이이장장심치불제심이위치심치불충심
以老老心治不孝心以長長心治不悌心以委致心治不忠心
로로심(老老心)으로 불효심(不孝心)을 다스리고
장장심(長長心)으로 불제심(不悌心)을 다스리고
위치심(委致心)으로 불충심(不忠心)을 다스리고

이성각심치불신심이공경심치무례심이순리심치무의심
以誠恪心治不信心以恭敬心治無禮心以循理心治無義心
성각심(誠恪心)으로 불신심(不信心)을 다스리고
공경심(恭敬心)으로 무례심(無禮心)을 다스리고
순리심(循理心)으로 무의심(無義心)을 다스리고

이청개심치무렴심이자애심치무치심이적덕심치위악심
以清介心治無廉心以自愛心治無恥心以積德心治爲惡心
청개심(清介心)으로 무렴심(無廉心)을 다스리고
자애심(自愛心)으로 무치심(無恥心)을 다스리고
적덕심(積德心)으로 위악심(爲惡心)을 다스리고

以利濟心治殘賤心以匡扶心治傾陷心以仁慈心治暴戾心
이리제심치잔천심이광부심치경함심이인자심치폭려심
리제심(利濟心)으로 잔천심(殘賤心)을 다스리고
광부심(匡扶心)으로 경함심(傾陷心)을 다스리고
인자심(仁慈心)으로 폭려심(暴戾心)을 다스리고

以謙遜心治傲慢心以損抑心治盈滿心以儉約心治驕奢心
이겸손심치오만심이손억심치영만심이검약심치교사심
겸손심(謙遜心)으로 오만심(傲慢心)을 다스리고
손억심(損抑心)으로 영만심(盈滿心)을 다스리고
검약심(儉約心)으로 교사심(驕奢心)을 다스리고

以勤愼心治怠忽心以坦夷心治危險心以忠厚心治刻薄心
이근신심치태홀심이탄이심치위험심이충후심치각박심
근신심(勤愼心)으로 태홀심(怠忽心)을 다스리고
탄이심(坦夷心)으로 위험심(危險心)을 다스리고
충후심(忠厚心)으로 각박심(刻薄心)을 다스리고

以和平心治忿恚心以寬洪心治褊窄心以傷身心治沈湎心
이 화평심치분에심이관홍심치편착심이상신심치침면심
화평심(和平心)으로 분에심(忿恚心)을 다스리고
관홍심(寬洪心)으로 편착심(褊窄心)을 다스리고
상신심(傷身心)으로 침면심(沈湎心)을 다스리고

以妻女心治姦淫心以果報心治謀奪心以禍患心治鬪狠心
이 처녀심치간음심이과보심치모탈심이화환심치투한심
처녀심(妻女心)으로 간음심(姦淫心)을 다스리고
과보심(果報心)으로 모탈심(謀奪心)을 다스리고
화환심(禍患心)으로 투한심(鬪狠心)을 다스리고

以正教心治異端心以至信心治大疑心以悠久心治無恒心
이 정교심치이단심이지신심치대의심이유구심치무항심
정교심(正教心)으로 이단심(異端心)을 다스리고
지신심(至信心)으로 대의심(大疑心)을 다스리고
유구심(悠久心)으로 무항심(無恒心)을 다스리고

以始終心治反覆心以施與心治慳吝心以自然心治勉強心
시종심(始終心)으로 반복심(反覆心)을 다스리고
시여심(施與心)으로 간린심(慳吝心)을 다스리고
자연심(自然心)으로 면강심(勉強心)을 다스리고

以安分心治非望心以順受心治怨尤心以推誠心治猜忌心
안분심(安分心)으로 비망심(非望心)을 다스리고
순수심(順受心)으로 원우심(怨尤心)을 다스리고
추성심(推誠心)으로 시기심(猜忌心)을 다스리고

以鎭定心治搖惑心以中正心治偏袒心以大體心治細務心
진정심(鎭定心)으로 요혹심(搖惑心)을 다스리고
중정심(中正心)으로 편단심(偏袒心)을 다스리고
대체심(大體心)으로 세무심(細務心)을 다스린다.

嗟乎人心不治不純如彼亂絲不理不清如彼古鏡不磨不明
차호인심불치불순여피란사불리불청여피고경불마불명

오호(嗚呼)라!
사람의 마음이란,

다스리지 않으면
순수(純粹)해지지 않아,

실타래가 난마(亂麻)처럼 엉킨듯
조리(條理)에 맞지도 않고 맑지도 않고,

옛 거울을 안 닦아서
맑지 않아 비춰볼 수 없는 것과 같고,

如彼劣馬不勒不馴我故說經欲治人心人心得治天地淸寧
여피렬마불륵불순아고설경욕치인심인심득치천지청녕

길들이지 않은 야생마(野生馬)처럼
고삐를 안 해
몰고 다닐 수 없는 것과 똑 같다.

내 이제
마음을 다스리는 경(經)을 설(說)하였나니,

인심(人心)을
다스리고자 한다면
인심(人心)은 다스려질 것이고,

천지(天地)와 더불어
영원(永遠)히 청녕(淸寧)할 것이다.

게왈
偈曰
게(偈)로 이르는도다.

일체유심심최위
一切惟心心最危　範天圍地發光輝
범천위지발광휘

일체제법(一切諸法)이 오직 마음뿐인데
가장 위태(危殆)한 것 또한 이 마음뿐일세.

天心卽在人心見　人合天心天弗違
천심 즉재 인심 견　인 합 천심 천 불 위

천심(天心)은
인심(人心)에 나타나는 것이어서,
그렇기 때문에 인심(人心)이 천심(天心)과 맞는다면
천명(天命)을 위반(違反)하는 것이 아닐세.

㉕ **(無極上咒)**
　무 극 상 주

諸法子我今更示爾等道祖無極上咒以爲天仙金丹符券至
제법자아금갱시이등도조무극상주이위천선금단부권지

여러 법자(法子)들아!
내가 이제 다시

그대들에게
현시(顯示)하려고 하는 것은、
도조(道祖)께서 교시(敎示)하신
위없는 무극상주(無極上呪)인데、
이 무극상주(無極上呪)를
천선금단부권(天仙金丹符券)이라고 한다。

心恒持無量功德不可思議咒曰

지극(至極)한 마음으로 재계(齋戒)하며
항상(恒常) 지념(持念)한다면
공덕(功德)이
무량(無量)함은 정말로 불가사의(不可思議)할 것이다。

◉ 주력시(呪力時)에는
무극상주왈(無極上呪曰)、
원문(原文)을 위주(爲主)로 삼을 것。 ─ 역자(譯者)

乾坤浩蕩日月光盈三台朗照應地安貞玉都師相呂聖眞君

건곤(乾坤)은 호호탕탕(浩浩蕩蕩)한데
일월(日月)의 찬란(燦爛)한 빛 흘러 넘치고,
삼태(三台)가 낭랑(朗朗)하게 비추니
땅은 평화(平和)로와 정옥백화(貞玉白華)는 더욱 아름답도다.

옥도사상(玉都師相) 려성진군(呂聖眞君)

大慈大憫大德大仁十方三界六道四生遇緣斯化有感必靈

대자대민(大慈大憫)하시고 대덕대인(大德大仁)하셔서
십방삼계(十方三界)의
모든
륙도사생(六道四生)들 일대사(一大事) 인연(因緣) 만나
교화(敎化)를 받으니
감응(感應)을 입고 반드시 영험(靈驗) 있으리로다.

天神拱衛威將隨行大災急難永化微塵仙宗玄敎耀古騰今

천신(天神)은 공수례(拱手禮)로 호위(護衛)하고
위맹(威猛)한 신장(神將)이 수행(隨行)을 하나니
대재앙(大災殃)은 급난(急難)을 당하고
영영(永永) 미진(微塵)이 되어 사라질지어다.
선종현교(仙宗玄敎)의 역사(役事) 대단하여
찬란(燦爛)하던 옛 영광(榮光) 오늘에까지 등등(騰騰)하도다.

太虛無極聚象成形口口存道存道道存存乎至道慧炬常明

양극(陽極)과 음극(陰極)
아무것도 없던
태허(太虛) 무극(無極)에、
상(象)이 모여들어 온갖 형상(形象)을 만들어내니
둘러싸여 모양이 만들어진 것마다 모두 도(道)가 존재(存在)하고

도(道)가 있는 것마다 도(道)가 존재(存在)하는 것이니
존재(存在)하는 것이 모두 도(道)가 아니겠느냐?

지극(至極)한 도(道)는
지혜(智慧)를 태우는 횃불로
항상(恒常) 광명(光明)이 흘러넘치나니

邪魔遠遁災障無侵修持匪懈道果圓成急急如
사마원둔재장무침수지비해도과원성급급여

사마(邪魔)는 멀리 종적(蹤迹)을 감추고
재장(災障)은 도량(道場)을 침범(侵犯)치 말라.
수지(修持)하면서 해태(懈怠)하지 아니하니
도과(道果)를 원만(圓滿)히 이룰 것이다.

급급여(急急如)

天仙肇派純陽道祖律令

천선조파(天仙肇派) 순양도조율령(純陽道祖律令)

大衆同持

대중(大衆)들이
모두
지극(至極)한 마음으로
받들고
지념(持念)하며 지킬 것을 서원(誓願)하였다.

㉖ 無極至道冲虛太妙金玉玄經(一遍)

大道無名不可言思總之曰妙妙妙難窺象之曰玄玄玄難知

대도(大道)는 이름이 없어서
무어라고 말할 수도 없고
도저히
머리로는 생각마저 해 낼 수도 없는도다.

어떻게라도
말로 만들어 표현(表現)해 본다면,

묘(妙)하고 더 묘(妙)하고 더욱더 묘(妙)하여서
도저히
엿볼 수도 없도다.

모양으로 그려 보려 하지만
알 수 없는
암흑물질(暗黑物質)로 채워져 있어
현(玄)하고 더 현(玄)하고 더욱더 현(玄)하여서
도저히
알 수도 없다.

一關洞啓萬理咸歸見淺見深各以意爲鼎爐水火徒費許詞

동현허(洞玄虛)의 한 관문(關門)을 열고 보면
오만가지 진리(眞理)가 모두 그 곳으로 복귀(復歸)하여 돌아가고、
얕은 것을 보나 깊은 것을 보나
각자(各自)가 각각(各各) 자기가 하고자하는 바대로 움직이니、
정로(鼎爐)가 있는 곳 맥(脈)을 잘못 짚어
쓸데없이 수화(水火)만 낭비(浪費)하고
이러쿵저러쿵 허사(虛辭)만 남발(濫發)하네.

抽添進退見亦旁歧玄關妙竅一心具之心眞無妄心正無欹

추첨(抽添)과 진퇴(進退)를 노려보지만
이 또한
좌도방문(左道旁門)이며 엉뚱한 미로(迷路)로 빠지는 샛길이라.
현관(玄關)은

묘묘묘(妙妙妙)하고 현현현(玄玄玄)한 곳으로 통(通)하는
유일(唯一)한 단 하나의 묘규(妙竅)이며,

일심(一心)으로 한결같이 사무치면
구체화(具體化)되어 화려(華麗)하게 드러나는 곳이다.

마음이 진실(眞實)되어서 망령(妄靈)된 생각이 없고
마음이 정직(正直)해서 기울거나 삐뚤어짐도 없고

心空無物心實無倚四大假合心以心迷一元自運心以心治
심공무물심실무의사대가합심이심미일원자운심이심치

마음이 텅 비어서 어떤 사물(事物)에도 걸림이 없고
마음이 열매처럼 실(實)하여
사대가합(四大假合)에 기댈 필요(必要)도 없는 것이다.

마음은
마음 때문에 미혹(迷惑)에 빠지는 것이다.

일원(一元)을

先天一炁以體合之窅窅太虛在初生時形與氣合是分兩儀

선천일기(先天一炁)와 몸이 합(合)해져
심원(深遠)한 경지(境地)에 들게 될 것이다.
제법(諸法)의 모든 삼라만상(森羅萬象)이 맨 처음 생길 때에
태허(太虛)의 선천일기(先天一炁)가
형(形)과 기(氣)가 합(合)해지는데
이것을
양의(兩儀)로 나누어진 것이라고 하는 것이며,

五行備具運轉無違至道無象至心無爲以心合道氣精神機

여기에
오행(五行)이 구비(具備)되어

저절로 돌게 하면
마음은
마음으로 다스려져서、
선천일기이체합지요요태허재초생시형여기합시분양의

오행비구운전무위지도무상지심무위이심합도기정신기

움직이기 시작(始作)하면
조금도 위반(違反)하는 일이 없는 것이다.

지극(至極)한 도(道)는
어떻게 생긴 형상(形象)도 없고,

지극(至極)한 마음은
어떻게 하고자 하는 뚝심도 없는 것이다.

이 마음이
도(道)와
기(氣)와
정(精)과
신(神)이 합(合)해지면,

그 기미(機微)가
마치 하늘과 같아져
드리워진 형상(形象)마다
모든 운행(運行)이 다 어김없는 것이 아니겠으며,

如天垂象運乎四時如帝端拱化乎郊圻水木同華金水交資

사시(四時)의 운행(運行) 또한
마치 제왕(帝王)을 모시듯 단아(端雅)하게
공수례(拱手禮)하며
조금도 변화(變化)에 어김이 없는 것이 이 아니겠느냐?
임독맥(任督脈)의 경계를 넘나들며
수목(水木)이
서로 어우러져 화려(華麗)하며,
금수교류(金水交流)가 일어나
서로가 자원(資源)을 주거니 받거니 하며,

火水旣濟木火齊輝金木雜揉火金鑪錘顚倒五行塡補坎離

불로 길을 내어
물을 건너가게 하며,

伏息氣中功始築基凝神氣母志湊單微雪霰六出天花亂飛

복식기중공시축기응신기모지주단미설영륙출천화란비

나무를 태워
나무와 불이 서로 사이좋게 빛나며,

금목교병(金木交幷)이 일어나
뒤섞여 단액(丹液)이 만들어지며,

불덩어리가 무쇠 속으로 들어가
조화(調和)를 부리며 온갖 주조(鑄造)를 만들어 내며,

오행(五行)이 전도(顚倒)되어
선천(先天)과 후천(後天)을 골라낼 수가 없게 되고,

추감전리(抽坎塡離)로
무극(無極)으로 통(通)하는 현관(玄關)을 전보(塡補)하고,

기(氣)를 타고 흐르던
요얼(祅孼)이 모두 형적(形迹)을 숨김에 따라,

공(功)을 쌓는 축기(築基)가
비로소 기(氣)로부터 시작(始作)하였다.

기(氣)를 모체(母體)로 하여
정신(精神)을 응축(凝縮)해서 결정체(結晶體)로 만들고、
뜻을 모두 거두어 들여
한 가닥으로 정미(精微)롭게 가다듬어서 뇌사(雷射)하면、
설영(雪霙)이
륙문(六門)에서 쏟아지며 춤을 추고、
천화(天花)가 흩날리며
허공(虛空)을 가득 메울 것이고、

明月一輪淸水一池霹靂一聲莫知誰爲不先不後不疾不遲
명월일륜청수일지벽력일성막지수위불선불후불질불지
밝은 한 둥근 달이
맑은 한 연못에 낭랑(朗朗)하고、

非無非有去智歸痴冥冥默默心與天期以滅爲生神動天隨

천지(天地)를 무너트리는
벽력일성(霹靂一聲)은 누구를 위한 것인지 알 수 없도다.
앞에 있는 것도 아니고 뒤에 있는 것도 아니며
빠른 것도 아니고 더딘 것도 아니며
없는 것도 아니고 있는 것도 아니며
지(智)를 떼 내 버리고 우치(愚痴)에 돌아가며,
묘묘명명(杳杳冥冥)하고 묵묵자적(默默自寂)한 마음으로
천기(天期)와 더불어 적멸(寂滅)을 생명(生命)으로 삼나니,
신(神)이 움직이면
하늘을 따라 다시 나왔다가는 다시 들어간다.

再出再入白鶴玄龜伐毛洗髓脫盡膚肌身有衆妙從欲以施

백학(白鶴)과 현구(玄龜)는
털을 뽑아내고 골수(骨髓)를 씻어내며
허물을 벗고 근육(筋肉)을 없애기까지 하나니,
몸이라는 것이 얼마나 신기하고 오묘(奧妙)한가.

이와 같이 욕심(欲心)을 부려

煮汞削雪攸往咸宜返虛入渾歸證天墀以斯言道玄妙可思

수은(水銀)을 다려 백설(白雪)의 껍질을 벗겨내고
곧바로 모두 태허(太虛)로 돌아가 혼연(渾然)에 들면
복귀(復歸)를 증거(證據)하며 천궁(天宮)의 섬돌 위에서
이런 말을 할 것이다.

도(道)는
현묘(玄妙)한 것이며 가(可)히 사량(思量)할 수도 있도다.

以空求妙妙在玆以妙叅玄玄玄可幾靈台一點歸有餘師
이 공 구 묘 묘 재 자 이 묘 참 현 현 현 가 기 령 태 일 점 귀 유 여 사

공(空)으로
묘(妙)를 구(求)한 묘(妙)에
이 묘(妙)가 있으며、

묘(妙)로서
현(玄)을 참구(叅究)한 현(玄)을
현(玄)으로
가(可)히 기미(幾微)를 알아챌 수도 있도다.

이렇게 증거(證據)할 수 있는 것은
령대(靈台)를 일점파(一點破)로 뚫어 현관(玄關)을 열어 주시고
자비(慈悲)를 베풀어 주신 스승님이 계셔서
무극(無極)으로 돌아가 무극(無極)의 섬돌을 밟게 된 것이었네.

諸法子當如我道門南北兩宗皆由
제 법 자 당 여 아 도 문 남 북 양 종 개 유

여러 법자(法子)들아!

마땅히 알라.

이와 같이

우리 도문(道門)에 남북양종(南北兩宗)이 있는데

이는 모두

純陽妙道大天尊垂慈開啓天仙法派廣化普傳今日時節因

순양묘도대천존(純陽妙道大天尊)께서

자비(慈悲)를 내려 천선법파(天仙法派)를 열어주시고

광활(廣闊)하게 교화(敎化)를 펼쳐주시고

보도(普渡)하여 주시고 전(傳)해 주시고 하여,

오늘과 같은 좋은 시절(時節)을 만나

緣三壇圓滿當知

연 삼단원만당지

삼단원만(三壇圓滿)과 인연(因緣)이 있게 된 것임을,

마땅히 알아라.

九天扶正帝君
구천부정제군

구천부정제군(九天扶正帝君)과

飛雨妙化天尊皆來輔弼
비우묘화천존개래보필

비우묘화천존(飛雨妙化天尊)께서
함께 오셔서
좌보우필(左輔右弼)해 주시며

呂帝左右證知爾等前劫福深現生障淺得入玄門堪超碧落
려제좌우증지이등전겁복심현생장천득입현문감초벽락

려제(呂帝)의
좌우(左右)에서 증명법주(證明法主)가 되심을 알아라.

그대들은
지나간 세월(歲月) 오랜 겁(劫)에 걸쳐서 쌓은 복덕(福德)도 깊고

현생(現生)에 태어나서는 재장(災障)도 그렇게 많지 않아、

현문(玄門)에 들어오게 되었고

그야말로 힘든

벽락(碧落)의 하늘 밖 까지도 벗어나려 하고 있다。

所以重宣秘咒兩啓金經無非仰祈我
소이중선비주양계금경무비앙기아

그리하여

거듭 연(連) 이어서 비주(秘咒)를 드러내

양극(兩極)을 열고 선양(宣揚)하여 주셨으니、

금경(金經)은

내가

간절(懇切)히 갈구(渴求)하는 것과 조금도 다름이 없다。

純陽道祖妙道大天尊默錫靈丹普垂慧照俾人人克堅道念
순양도조묘도대천존묵석령단보수혜조비인인극견도념

순양도조묘도대천존(純陽道祖妙道大天尊)께서

묵묵(默默)히 령단(靈丹)을 내리셔서

지혜(智慧)의 횃불을 끝 간 데 없이 비춰주시니、

사람 사람들이

모두

극복(克服)하고 도념(道念)을 견고(堅固)하게 하여 주시고、

令個個永固眞基戒德完成戒光朗澈戒體清淨戒珠圓明宏
령개개영고진기계덕완성계광철계체청정계주원명굉

개개인(箇箇人)들이

모두

진기(眞基)를

영원(永遠)히 공고(鞏固)하게 해 주시고、

계덕(戒德)을

완성(完成)하게 해 주셨고、

계광(戒光)을

낭랑(朗朗)하게 빛나게 해 주셨고、

계체(戒體)를
청정(淸淨)한 법신(法身)이 되게 해 주셨고、
계주(戒珠)를
일원광명(一圓)光明)케 해 주셨네。

開道派宗風足稱全眞正敎

굉장(宏壯)하게 도파(道派)를 활짝 열고
종풍(宗風)을 드날리시니、
삼청(三淸)을 구족(具足)하신
삼단원만(三壇圓滿) 전진정교(全眞正敎)라 부를 만 하네。

諸法子皈依道兩足尊皈依經離欲尊皈依師衆中尊皈依道

제법자귀의도양족존귀의경이욕존귀의사중중존귀의도
여러 법자(法子)야!
귀의도(皈依道) 양족존(兩足尊)하고

귀의경(皈依經) 이욕존(離欲尊)하고
귀의사(皈依師) 중중존(衆中尊)하고

竟皈依經竟皈依師竟
경귀의경경귀의사경

귀의도경(皈依道竟)하고
귀의경경(皈依經竟)하고
귀의사경(皈依師竟)하라.

大衆同聲宣揚寶誥
대중동성선양보고

대중(大衆)들이
다 함께
부우상제순양로조(孚佑上帝純陽老祖) 보고(寶誥)를
지극(至極)한 마음으로 귀명(歸命)하며 선양(宣揚)하였다.

㉗ (孚佑上帝純陽老祖寶誥)
부우상제순양로조보고

玉清內相金闕選仙化身爲三敎之師掌法判五雷之令黃粱
옥청내상(玉淸內相)이시며 금궐선선(金闕選仙)의 화신(化身)으로
삼교(三敎)의 스승이 되셔서
법(法)을 관장(管掌)하시고
오뢰(五雷)의 명령(命令)을 판단(判斷)한다.

황량몽각(黃粱夢覺)의 꿈으로 깨우쳐 주시고

夢覺忘世上之功名寶劍光騰掃人間之妖怪四生六道有感
세상(世上)의 공명(功名)을 잊었다.
보검(寶劍)의 휘황찬란(輝煌燦爛) 빛 등등(騰騰)하게 날려
인간(人間)의 요괴(妖怪)를 쓸어내고
사생륙도(四生六道)에까지 감동(感動)을 주시니、

必孚三界十方有求必應黃鶴樓中留聖蹟玉虛殿內煉丹砂
필부삼계십방유구필응황학루중류성적옥허전내련단사

반드시 신실(信實)이 있어

삼계십방(三界十方)

어디라도 구(求)함이 있으면 반드시 감응(感應)이 있도다.

황학루(黃鶴樓)에 거룩한 자취 남기시고

옥허전(玉虛殿)에서 단사(丹砂)를 굽고

存芝像於山崖顯仙踪於雲洞闡法門之香火作玄嗣之梯航
존지상어산애현선종어운동천법문지향화작현사지제항

지란(芝蘭)의 상(像)을 산애(山崖)에 있게 했으며

선인(仙人)의 종적(踪迹)을 운동(雲洞)에 드러냈다.

법문(法門)의 향화(香火)를 널리 천양(闡揚)하고

현문(玄門)의 후대(後代)에 사다리를 놓아 연결하고

자항법선(慈航法船)을 고해(苦海)에 띄웠도다.

大聖大慈大仁大孝開山啟教元應祖師天雷上相靈寶眞人
대성대자대인대효개산계교원응조사천뇌상상령보진인

대성대자(大聖大慈) 대인대효(大仁大孝) 개산계교(開山啟教)

원응조사(元應祖師) 천뇌상상(天雷上相) 령보진인(靈寶眞人)

純陽演正警化
순양연정경화(純陽演正警化)

孚佑帝君興行妙道天尊
부우제군흥행묘도천존(孚佑帝君興行妙道天尊)

(三皈依如科律)
삼귀의(三皈依)는 과률(科律)과 같다.

附錄 (一) 부록

三壇圓滿天仙大戒略說
삼단원만천선대계략설
(讀經用) 독경용

三壇圓滿天仙大戒略說

開玄闡秘宏教眞君柳守元撰

登壇儀文如科律

正 座唱言諸法子等旣受初眞戒律中極靈文更須知有無上

妙門飛昇寶筏曰天仙大戒往古聖眞莫不由此以登碧漢深

契天心秘合元始若能神志皈誠棲眞大道頓入無極直超名

相在塵寰中脫然無染如日月光明如江河浩渺如風雲輕便

如天地奠安是謂戒無不戒不戒乃戒戒無所戒乃爲眞戒久

久持行同乎自然泯於迹象入元始珠得大羅果形神俱妙與
道合眞昔有遞傳

元始天尊說天仙無極大戒曰

爾時

元始天尊在寶華林中九蓮座上與諸天尊諸天聖衆及諸天
龍鬼神說無始妙道時座中有一眞人名曰無戒從座中起頵
頢作禮執簡長跪上白
天尊曰自開化以來未曾聞此妙道今聆

慈音肺腑清涼大生解悟但學道之士戒行修持初眞中極皆
有可聞獨於天仙大戒曾未聞說未知有何道法臻此地位惟
望
天尊大聖爲衆宣說
天尊曰汝大因緣當得聞此汝宜復座靜默安神吾當爲汝說
此妙戒
天尊曰道無二上仙有九品一曰混元無始金仙一曰洞元太
初金仙一曰靈元造化眞仙人世修証則有天仙地仙水仙神

仙人仙鬼仙及諸旁門異類凡有性靈莫不成眞無始之始太
初之初無戒可戒無律可律自造化淘鎔陰陽闢闔淸濁立判
動靜應機金丹之妙實由此基功深九轉天闕高躋是名上仙
何戒何持然人每由情慾相交登眞無路終始迷昧不能解脫
有志之士須破此塵網皈誠學道斷諸邪障淸淨六根當由初
眞中極戒律謹愼修行至天仙大戒心地光明德充道極無戒
可說無律可持汝今旣問當爲汝說

偈曰

眞心清靜道爲宗 譬彼中天寶月同
淨掃迷雲無點翳 一輪光滿太虛空
諸法子一切氣質習染是迷雲翳性一切殺盜淫妄是迷雲翳
性一切貪嗔癡愛是迷雲翳性乃至一念一時不知不覺是迷
雲翳性乃至著於有求斷於無法是迷雲翳性乃至著境著念
著心是迷雲翳性端須廓然無量得大總持妙相圓明光逾慧
日是日金丹是曰玄宰是曰天仙大道妙合佛乘彼世人以禪
爲空靈陰而不陽是未知眞禪之道五陰淨盡亦猶世禪和自

昧其宗輒斥道門爲守屍鬼妄引楞嚴十種外道爲修道法門
豈知三清妙法渾合禪玄萬聖萬眞祇此一事諸法子你道這
事是甚麼事是身心非身心是性命非性命是功修非功修語
言道斷惟證乃知圓滿菩提眞無所得賴我

三清道祖
玉帝至尊
五老四御
九極十華以及

古聖高眞遞傳妙道肇啓我
東華始祖
正陽帝師幸逮
天仙初祖孚佑帝君得啓南北宗派南五宗顯神通於得道之
後其始實刻苦功修北七宗打塵勞於成道之日其志自始終
無懈成就歸宿各有遲速頓漸支流派演無須別戶分門近來
出家者多出塵者少煌煌羽士巍巍玄門非特奧秘難窺亦且
修持無路我

天仙初祖孚佑帝君屢荷
三淸法勅普濟塵寰千計垂慈百方接引今特命子將天仙大
戒秘旨傳示人間以作三壇圓滿功德諸法子一志凝神諦聽

昔

⊙元 始天尊說無上內秘眞藏經云

元始天尊說無上內秘眞藏經云汝等四衆勤行道戒積漸累
功證成道果一切法衆悉是戒行又曰汝等勤行敎化依此大
乘勿生異想卽是方便得入大慧法門功德自在得自在力不

生不滅能度衆生滅煩惱業

洞 玄靈寶業報因緣經太上道君言始自發心終於極果念念

不捨持戒不犯上清有三百觀身戒洞神有七百二十戒玄都

律文天尊有千二百威儀戒

太 上虛皇四十九章經云齋戒者道之根本法之津梁子欲學

道清齋奉戒念念正眞邪妄自泯○又云割嗜欲根入清淨境

無作諸苦無造諸惡無生諸見無起諸邪○又云學道之士以

清淨爲本長齋眇思嘯歌太無覩諸邪道如覩仇讐遠諸愛慾

如避臭穢除苦惱根斷情愛緣溟溟濁海自得淨戒如白蓮花

生淤泥中亭亭出水不受汚染五臟淸夷三田革素

太玄眞人曰與予隣又六根不淨當洗其心心不受垢自無諸穢

洞 玄靈寶因緣經云自三淸以下乃至十方上聖眞仙皆由戒

得○又云衆生飲酒食肉致生病惱彌益罪根更有

洞 玄靈寶三元無量壽經諸法子皈命皈神諦聽諦聽爾時

太上道君於三元宮中大會說法衆內有一眞人名曰儀可則

智力無畏從座而起雅步前跪懿論請訣不審一切諸法從何
而生既得生已云何觀行而得成道作是語已懺然而立
太上道君撫几微笑曰夫三界諸法皆從道生若欲求道當修
觀慧觀慧增益漸至常道常道無邊行亦非一子欲知之當一
心聽有數十事不可稱量

① 何謂爲數十事
一者智慧遠身行法不可稱量二者慈悲遠身行法不可稱量
三者含忍遠身行法不可稱量四者行功遠身行法不可稱量

오자수심원신행법불가칭량
五者修心遠身行法不可稱量六者善業遠身行法不可稱量
칠자정진원신행법불가칭량팔자식신원신행법불가칭량
七者精進遠身行法不可稱量八者飾身遠身行法不可稱量
구자견정원신행법불가칭량십자보심원신행법불가칭량
九者遣情遠身行法不可稱量十者普心遠身行法不可稱量
시위십종원신행법
是爲十種遠身行法

❷
태상왈부유십종리구과법
太上曰復有十種離口過法不可稱量何等爲十種離口過法
일자지혜리구과법불가칭량이자자비리구과법불가칭량
一者智慧離口過法不可稱量二者慈悲離口過法不可稱量
삼자함인리구과법불가칭량사자행공리구과법불가칭량
三者含忍離口過法不可稱量四者行功離口過法不可稱量
오자수심리구과법불가칭량륙자선업리구과법불가칭량
五者修心離口過法不可稱量六者善業離口過法不可稱量

③

太上曰復有十種除惡想法不可稱量何等為十種除惡想法

一者智慧除惡想法不可稱量

二者慈悲除惡想法不可稱量

三者含忍除惡想法不可稱量

四者行功除惡想法不可稱量

五者修心除惡想法不可稱量

六者善業除惡想法不可稱量

七者精進除惡想法不可稱量

八者飾身除惡想法不可稱量

七者精進離口過法不可稱量

八者飾身離口過法不可稱量

九者遣情離口過法不可稱量

十者普心離口過法不可稱量

是為十種離口過法

九者遣情除惡想法不可稱量十者普心除惡想法不可稱量
是爲十種除惡想法

④
太上曰復有十種拔逮根法不可稱量何等爲十種拔逮根法
一者智慧拔逮根法不可稱量
二者慈悲拔逮根法不可稱量
三者含忍拔逮根法不可稱量
四者行功拔逮根法不可稱量
五者修心拔逮根法不可稱量
六者善業拔逮根法不可稱量
七者精進拔逮根法不可稱量
八者飾身拔逮根法不可稱量
九者遣情拔逮根法不可稱量

⑤ 是爲十種拔逮根法
시위십종발체근법

太上曰復有十種絶聲色法不可稱量何等爲十種絶聲色法
태상왈부유십종절성색법불가칭량하등위십종절성색법

一者智慧絶聲色法不可稱量
일자지혜절성색법불가칭량이

二者慈悲絶聲色法不可稱量
자자비절성색법불가칭량

三者咸忍絶聲色法不可稱量
삼자함인절성색법불가칭량사

四者行功絶聲色法不可稱量
자행공절성색법불가칭량

五者修心絶聲色法不可稱量
오자수심절성색법불가칭량륙

六者善業絶聲色法不可稱量
자선업절성색법불가칭량

七者精進絶聲色法不可稱量
칠자정진절성색법불가칭량팔

八者飾身絶聲色法不可稱量
자식신절성색법불가칭량

九者遣情絶聲色法不可稱量
구자견정절성색법불가칭량십자보

十者普心絶聲色法不可稱量
심절성색법불가칭량

是爲十種絶聲色法
시위십종절성색법

❻ 太上曰復有十種儉愛欲法不可稱量何等爲十種儉愛欲法

一者智慧儉愛欲法不可稱量

二者慈悲儉愛欲法不可稱量

三者咸忍儉愛欲法不可稱量

四者行功儉愛欲法不可稱量

五者修心儉愛欲法不可稱量

六者善業儉愛欲法不可稱量

七者精進儉愛欲法不可稱量

八者飾身儉愛欲法不可稱量

九者遣情儉愛欲法不可稱量

十者普心儉愛欲法不可稱量

是爲十種儉愛欲法

❼ 太上曰復有十種放甑習法不可稱量何等爲十種放甑習法

8

一者智慧放翫習法不可稱量
二者慈悲放翫習法不可稱量
三者咸忍放翫習法不可稱量
四者行功放翫習法不可稱量
五者修心放翫習法不可稱量
六者善業放翫習法不可稱量
七者精進放翫習法不可稱量
八者飾身放翫習法不可稱量
九者遣情放翫習法不可稱量
十者普心放翫習法不可稱量
是爲十種放翫習法

太上曰復有十種洗垢穢法不可稱量何等爲十種洗垢穢法
一者智慧洗垢穢法不可稱量
二者慈悲洗垢穢法不可稱量

❾

三者咸忍洗垢穢法不可稱量四者行功洗垢穢法不可稱量
五者修心洗垢穢法不可稱量六者善業洗垢穢法不可稱量
七者精進洗垢穢法不可稱量八者飾身洗垢穢法不可稱量
九者遣情洗垢穢法不可稱量十者普心洗垢穢法不可稱量
是爲十種洗垢穢法
太上曰復有十種無昏惑法不可稱量何等爲十種無昏惑法
一者智慧無昏惑法不可稱量二者慈悲無昏惑法不可稱量
三者咸忍無昏惑法不可稱量四者行功無昏惑法不可稱量

❿

五者修心無昏惑法不可稱量六者善業無昏惑法不可稱量
七者精進無昏惑法不可稱量八者飾身無昏惑法不可稱量
九者遣情無昏惑法不可稱量十者普心無昏惑法不可稱量
是爲十種無昏惑法
太上曰復有十種不淫想法不可稱量何等爲十種不淫想法
一者智慧不淫想法不可稱量二者慈悲不淫想法不可稱量
三者咸忍不淫想法不可稱量四者行功不淫想法不可稱量
五者修心不淫想法不可稱量六者善業不淫想法不可稱量

⑪

七者精進不淫想法不可稱量
　칠자정진불음상법불가칭량
八者飾身不淫想法不可稱量
　팔자식신불음상법불가칭량
九者遣情不淫想法不可稱量
　구자견정불음상법불가칭량
十者普心不淫想法不可稱量
　십자보심불음상법불가칭량
是爲十種不淫想法
　시위십종불음상법

太上曰復有十種不疑空法不可稱量何等爲十種不疑空法
　태상왈부유십종불의공법불가칭량하등위십종불의공법
一者智慧不疑空法不可稱量
　일자지혜불의공법불가칭량
二者慈悲不疑空法不可稱量
　이자자비불의공법불가칭량
三者咸忍不疑空法不可稱量
　삼자함인불의공법불가칭량
四者行功不疑空法不可稱量
　사자행공불의공법불가칭량
五者修心不疑空法不可稱量
　오자수심불의공법불가칭량
六者善業不疑空法不可稱量
　육자선업불의공법불가칭량
七者精進不疑空法不可稱量
　칠자정진불의공법불가칭량
八者飾身不疑空法不可稱量
　팔자식신불의공법불가칭량

九者遣情不疑空法不可稱量十者普心不疑空法不可稱量
是爲十種不疑空法
太上曰復有十種平好醜法不可稱量何等爲十種平好醜法
一者智慧平好醜法不可稱量二者慈悲平好醜法不可稱量
三者咸忍平好醜法不可稱量四者行功平好醜法不可稱量
五者修心平好醜法不可稱量六者善業平好醜法不可稱量
七者精進平好醜法不可稱量八者飾身平好醜法不可稱量
九者遣情平好醜法不可稱量十者普心平好醜法不可稱量

⑬

是爲十種平好醜法
(시위십종평호추법)

太上曰復有十種不邪還法不可稱量何等爲十種不邪還法
(태상왈부유십종불사환법불가칭량하등위십종불사환법)

一者智慧不邪還法不可稱量
(일자지혜불사환법불가칭량이자자비불사환법불가칭량하)

二者慈悲不邪還法不可稱量

三者咸忍不邪還法不可稱量
(삼자함인불사환법불가칭량사자행공불사환법불가칭량)

四者行功不邪還法不可稱量

五者修心不邪還法不可稱量
(오자수심불사환법불가칭량륙자선업불사환법불가칭량)

六者善業不邪還法不可稱量

七者精進不邪還法不可稱量
(칠자정진불사환법불가칭량팔자식신불사환법불가칭량)

八者飾身不邪還法不可稱量

九者遣情不邪還法不可稱量
(구자견정불사환법불가칭량십자보심불사환법불가칭량)

十者普心不邪還法不可稱量

是爲十種不邪還法
(시위십종불사환법)

⑭ 太上曰復有十種常住無法不可稱量何等爲十種常住無法

一者智慧常住無法不可稱量
二者慈悲常住無法不可稱量
三者咸忍常住無法不可稱量
四者行功常住無法不可稱量
五者修心常住無法不可稱量
六者善業常住無法不可稱量
七者精進常住無法不可稱量
八者飾身常住無法不可稱量
九者遣情常住無法不可稱量
十者普心常住無法不可稱量

是爲十種常住無法

⑮ 太上曰復有十種絕心想法不可稱量何等爲十種絕心想法

⑯

一者智慧絶心想法不可稱量二者慈悲絶心想法不可稱量
三者咸忍絶心想法不可稱量四者行功絶心想法不可稱量
五者修心絶心想法不可稱量六者善業絶心想法不可稱量
七者精進絶心想法不可稱量八者飾身絶心想法不可稱量
九者遣情絶心想法不可稱量十者普心絶心想法不可稱量
是爲十種絶心想法
太上曰復有十種習悉意法不可稱量何等爲十種習悉意法
一者智慧習悉意法不可稱量二者慈悲習悉意法不可稱量

⑰

三者咸忍習悉意法不可稱量四者行功習悉意法不可稱量

五者修心習悉意法不可稱量六者善業習悉意法不可稱量

七者精進習悉意法不可稱量八者飾身習悉意法不可稱量

九者遣情習悉意法不可稱量十者普心習悉意法不可稱量

是爲十種習悉意法

太上曰復有十種善防言法不可稱量何等爲十種善防言法

一者智慧善防言法不可稱量二者慈悲善防言法不可稱量

三者咸忍善防言法不可稱量四者行功善防言法不可稱量

⑱

五者修心善防言法不可稱量六者善業善防言法不可稱量
오자수심선방언법불가칭량륙자선업선방언법불가칭량

七者精進善防言法不可稱量八者飾身善防言法不可稱量
칠자정진선방언법불가칭량팔자식신선방언법불가칭량

九者遣情善防言法不可稱量十者普心善防言法不可稱量
구자견정선방언법불가칭량십자보심선방언법불가칭량

是爲十種善防言法
시위십종선방언법

太上曰復有十種不亂轉法不可稱量何等爲十種不亂轉法
태상왈부유십종불란전법불가칭량하등위십종불란전법

一者智慧不亂轉法不可稱量二者慈悲不亂轉法不可稱量
일자지혜불란전법불가칭량이자자비불란전법불가칭량

三者咸忍不亂轉法不可稱量四者行功不亂轉法不可稱量
삼자함인불란전법불가칭량사자행공불란전법불가칭량

五者修心不亂轉法不可稱量六者善業不亂轉法不可稱量
오자수심불란전법불가칭량륙자선업불란전법불가칭량

⑲

七者精進不亂轉法不可稱量八者飾身不亂轉法不可稱量
九者遣情不亂轉法不可稱量十者普心不亂轉法不可稱量
是爲十種不亂轉法

太上曰復有十種不悟念法不可稱量何等爲十種不悟念法
一者智慧不悟念法不可稱量二者慈悲不悟念法不可稱量
三者咸忍不悟念法不可稱量四者行功不悟念法不可稱量
五者修心不悟念法不可稱量六者善業不悟念法不可稱量
七者精進不悟念法不可稱量八者飾身不悟念法不可稱量

㉒

是爲十種不悟念法
시위십종불오념법

太上曰復有十種不彼念法不可稱量何等爲十種不彼念法
태상왈부유십종불피념법불가칭량하등위십종불피념법

一者智慧不彼念法不可稱量
일자지혜불피념법불가칭량

二者慈悲不彼念法不可稱量
이자자비불피념법불가칭량

三者咸忍不彼念法不可稱量
삼자함인불피념법불가칭량

四者行功不彼念法不可稱量
사자행공불피념법불가칭량

五者修心不彼念法不可稱量
오자수심불피념법불가칭량

六者善業不彼念法不可稱量
육자선업불피념법불가칭량

七者精進不彼念法不可稱量
칠자정진불피념법불가칭량

八者飾身不彼念法不可稱量
팔자식신불피념법불가칭량

九者遣情不彼念法不可稱量
구자견정불피념법불가칭량

十者普心不彼念法不可稱量
십자보심불피념법불가칭량

九者遣情不悟念法不可稱量十者普心不悟念法不可稱量
구자견정불오념법불가칭량십자보심불오념법불가칭량

太上曰復有十種不悠想法不可稱量何等爲十種不悠想法

一者智慧不悠想法不可稱量

二者慈悲不悠想法不可稱量

三者咸忍不悠想法不可稱量

四者行功不悠想法不可稱量

五者修心不悠想法不可稱量

六者善業不悠想法不可稱量

七者精進不悠想法不可稱量

八者飾身不悠想法不可稱量

九者遣情不悠想法不可稱量

十者普心不悠想法不可稱量

是爲十種不悠想法

太上曰復有十種無常定法不可稱量何等爲十種無常定法
一者智慧無常定法不可稱量
二者慈悲無常定法不可稱量
三者咸忍無常定法不可稱量
四者行功無常定法不可稱量
五者修心無常定法不可稱量
六者善業無常定法不可稱量
七者精進無常定法不可稱量
八者飾身無常定法不可稱量
九者遣情無常定法不可稱量
十者普心無常定法不可稱量
是爲十種無常定法

太上曰復有十種無常的法不可稱量何等爲十種無常的法

一者智慧無常的法不可稱量二者慈悲無常的法不可稱量
三者咸忍無常的法不可稱量四者行功無常的法不可稱量
五者修心無常的法不可稱量六者善業無常的法不可稱量
七者精進無常的法不可稱量八者飾身無常的法不可稱量
九者遣情無常的法不可稱量十者普心無常的法不可稱量
是爲十種無常的法
太上曰復有十種無常顧法不可稱量何等爲十種無常顧法
一者智慧無常顧法不可稱量二者慈悲無常顧法不可稱量

㉕

三者咸忍無常顧法不可稱量

五者修心無常顧法不可稱量

七者精進無常顧法不可稱量

九者遣情無常顧法不可稱量

是爲十種無常顧法

太上曰復有十種不追懷法不可稱量何等爲十不追懷法

一者智慧不追懷法不可稱量

三者咸忍不追懷法不可稱量

四者行功無常顧法不可稱量

六者善業無常顧法不可稱量

八者飾身無常顧法不可稱量

十者普心無常顧法不可稱量

二者慈悲不追懷法不可稱量

四者行功不追懷法不可稱量

㉖

五者修心不追懷法不可稱量六者善業不追懷法不可稱量

七者精進不追懷法不可稱量八者飾身不追懷法不可稱量

九者遣情不追懷法不可稱量十者普心不追懷法不可稱量

是爲十種不追懷法

太上曰復有十種無猶豫法不可稱量何等爲十種無猶豫法

一者智慧無猶豫法不可稱量二者慈悲無猶豫法不可稱量

三者咸忍無猶豫法不可稱量四者行功無猶豫法不可稱量

五者修心無猶豫法不可稱量六者善業無猶豫法不可稱量

㉗

七者精進無猶豫法不可稱量八者飾身無猶豫法不可稱量
九者遣情無猶豫法不可稱量十者普心無猶豫法不可稱量
是爲十種無猶豫法
太上曰復有十種忍不可忍法不可稱量何等爲十種忍不可忍法
一者智慧忍不可忍法不可稱量二者慈悲忍不可忍法不可稱量
三者咸忍不可忍法不可稱量四者行功忍不可忍法不可稱量
五者修心忍不可忍法不可稱量六者善業忍不可忍法不可稱量
九者遣情忍不可忍法不可稱量十者普心忍不可忍法不可稱量

是爲十種忍不可忍法

道言夫洞玄經者蓋天地之源道德之宗上聖所尊貴鬼神所

畏伏其高則出九天之上其深則通九地之下千變萬化道盡

於此若復有人能於此經受持讀誦心無懈怠即得生無量智

慧增無量善因滅無量業障消無量煩惱延無量壽算長無量

福田世世歡榮生生快樂恒須恭敬抄寫流傳利益衆生是爲

無量眞人聞說信受奉行

㊀ 太上十二品法輪勸戒經云受眞戒者使戒根牢固如玄都山

계상단엄여옥경전계덕광명여류리주
戒相端嚴如玉京殿戒德光明如琉璃珠

동현령보천진과계운정사입정항복외마명위정계 우운
洞玄靈寶千眞科戒云靜思入定降伏外魔名爲淨戒 又云

기색단정장재지계
棄色斷情長齋持戒

령보원양묘경운유지청정정법계자칙득진도
靈寶元陽妙經云有持淸淨法戒者則得眞道

옥황본행집경운봉계전일명심대도청재굉서천만겁중
玉皇本行集經云奉戒專一冥心大道淸齋宏誓千萬劫中

우운단능청정지계전일병능수재호지정계자시인공덕탄
又云但能淸淨持戒專一並能修齋護持淨戒者是人功德坦

연무애자재소요호인중성덕혜상신
然無礙自在逍遙號人中聖德慧常新

벽옥진궁대계규운일계왈불살미명이계왈불기음의삼계
碧玉眞宮大戒規云一戒曰不殺微命二戒曰不起淫意三戒

曰不生諍念四戒曰不盜一芥五戒曰不欺六戒曰敦行
盡力七戒曰語言無妄八戒曰千魔不轉九戒曰宏發願力十
戒曰事聖不倦又曰上乘惟一道捨此難成覺七百二十門要
㊎律訣文經云志學之士急務修齋齋以齋心守戒爲主外來
曰動內住曰寂來不驚寂去不勞動動而不勞不離寂也寂而
不驚不疑動也寂照明徹故無驚疑無驚疑者常樂常住住無
所住爲而無爲爲道之最又曰變化無窮由悟守一守一須資
唯戒爲急持之不虧邪不得入自然混合與道同眞由戒入道

故謂之門

太微靈書紫文仙眞忌記上經云人雖有仙相宜切戒者有數
條而其中犯而必敗者曰淫魂液外漏精光枯竭神焦魄散曰
酒魂忘本室魄遊怨宅曰勿食肉食則神不守眞魄生邪勃曰
勿殺生以罪求仙仙不可得
靈寶大乘妙法蓮華眞經內云學道之本當戒七傷而尤要者
有四一則帶眞行僞淫色喪神魄液洩漏精光枯乾一則飮酒
一則損氣喪靈一則啖肉臭氣充於臟腑 又云學道者要在

行合冥科然後始涉大道之境

孚 佑帝君十戒功過格一曰戒殺二曰戒盜三曰戒淫四曰戒惡口五曰戒兩舌六曰戒綺語七曰戒妄八曰戒貪九曰戒瞋十曰戒癡以上數條粗說戒相若詳言之三洞眞文內天仙大戒窮劫說之亦不能盡今即

玉 光普照天尊碧玉眞宮大戒問於汝等諸法子聽受戒規

① 在立志志在精勤一眞不懈志在堅確萬有難惑
上帝云受戒者不殺微命是教爾等發慈憫心千戒萬戒無非

❷
圓滿這個慈憫心諸法子何以具有此心須要自今以
量劫世界有盡我此慈憫心量無盡此無量心能持否衆白盡
形壽命常持此心依教奉行

❷
上帝云受戒者不起淫意是教爾等發潔白心千戒萬戒無非
圓滿這個潔白心諸法子何以具有此心須要自今以始迄無
量劫世界有盡我此潔白心量無盡此無量心能持否衆白盡
形壽命常持此心依教奉行

❸
上帝云受戒者不生諍念是教爾等發忍辱心千戒萬戒無非

❹
圓滿這個忍辱心諸法子何以具有此心須要自今以始迄無
量劫世界有盡我此忍辱心量無盡此無量心能持否衆白盡
形壽命常持此心依教奉行

上帝云受戒者不盜一芥是敎爾等發明淨心千戒萬戒無非
圓滿這個明淨心諸法子何以具有此心須要自今以始迄無
量劫世界有盡我此明淨心量無盡此無量心能持否衆白盡
形壽命常持此心依教奉行

❺
上帝云受戒者不欺一愚是敎爾等發眞實心千戒萬戒無非

❻
圓滿這個眞實心諸法子何以具有此心須要自今以始迄無
원만저개진실심제법자하이구유차심수요자금이시흘무
量劫世界有盡我此眞實心量無盡此無量心能持否衆白盡
량겁세계유진아차진실심량무진차무량심능지부중백진
上帝云受戒者敦行盡力是敎爾等發報本心千戒萬戒無非
상제운수계자돈행진력시교이등발보본심천계만계무비
形壽命常持此心依敎奉行
형수명상지차심의교봉행

❼
圓滿這個報本心諸法子何以具有此心須要自今以始迄無
원만저개보본심제법자하이구유차심수요자금이시흘무
量劫世界有盡我此報本心量無盡此無量心能持否衆白盡
량겁세계유진아차보본심량무진차무량심능지부중백진
上帝云受戒者語言無妄是敎爾等發誠一心千戒萬戒無非
상제운수계자어언무망시교이등발성일심천계만계무비
形壽命常持此心依敎奉行
형수명상지차심의교봉행

❽
圓滿這個誠一心諸法子何以具有此心須要自今以始迄無
量劫世界有盡我此誠一心量無盡此無量心能持否衆白盡
形壽命常持此心依教奉行

❽
上帝云受戒者千魔不轉是教爾等發堅固心千戒萬戒無非
圓滿這個堅固心諸法子何以具有此心須要自今以始迄無
量劫世界有盡我此堅固心量無盡此無量心能持否衆白盡
形壽命常持此心依教奉行

❾
上帝云受戒者宏發願力是教爾等發廣大心千戒萬戒無非

⑩

圓滿這個廣大心諸法子何以具有此心須要自今以始迄無
量劫世界有盡我此廣大心量無盡此無量心能持否衆白盡
形壽命常持此心依教奉行
上帝云受戒者事聖不倦是教爾等發精進心千戒萬戒無非
圓滿這個精進心諸法子何以具有此心須要自今以始迄無
量劫世界有盡我此精進心量無盡此無量心能持否衆白盡
形壽命常持此心依教奉行
諸法子能持此心戒可得受今示爾等天皇密呪以爲天仙證

果符券至心恒持無量功德不可思議咒曰
天生雲龍道本上昇張烈正氣麗於太淸輔弼正道行於正平
六甲洞元九天超形福祿子孫先行自眞次及人皇人敬長生
六丁九炁秘密眞成敬之終吉昊天貴名久之道妙身體常充
聞此眞句與道合眞急急如
元始天尊律令
大衆同持

㊀ 上常淸常靜眞經(一遍)

太上曰大道無形生育天地大道無情運行日月大道無名長養萬物吾不知其名強名曰道夫道者有清有濁有動有靜天清地濁天動地靜男清女濁男動女靜降本流末而生萬物清者濁之源動者靜之基人能常清靜天地悉皆歸夫人神好清而心擾之人心好靜而欲牽之常能遣其欲而心自靜澄其心而神自清自然六欲不生三毒消滅所以不能者爲心未澄欲未遣也能遣之者內觀其心心無其心外觀其形形無其形遠觀其物物無其物三者既悟惟見於空觀空亦空空無所空所

空旣無無亦無無旣無湛然常寂寂無所寂欲豈能生欲
旣不生卽是眞靜眞常應物眞常得性常應常靜常淸靜矣如
是淸靜漸入眞道旣入眞道名爲得道雖名得道實無所得爲
化衆生名爲得道能悟之者可傳聖道
老君曰上士無爭下士好爭上德不德下德執德執著之者不
名道德衆生所以不得眞道者爲有妄心旣有妄心卽驚其神
旣驚其神卽著萬物旣著萬物卽生貪求旣生貪求卽是煩惱
煩惱妄想憂苦身心便遭濁辱流浪生死常沈苦海永失眞道

眞常之道悟者自得得悟道者常清靜矣
_{진상지도오자자득득오도자상청정의}

諸法子我今更示爾等
_{제법자아금갱시이등}

㊗ 斗玄靈心咒以爲天仙金丹符券至心恒持無量功德不可
_{북두현령심주이위천선금단부권지심항지무량공덕불가}

思議
_{사의}

咒曰
_{주왈}

南無囉怛哪怛囉夜耶怛你野他_{音拖} 曷伽嘛噢_{音末西} 伽嘛噢阿
_{나모라다나다라야야다니야타 갈가마시 마가마시아}

陀嘛噢攴_{音朴} 叭囉嘛噢摩訶攴叭囉嘛噢俺怛陀哪嘛噢嘛哩
_{다마시부 라마시마하부팔라마시옴다다나마시마리}

攴耶嘛噢南無沙都_{音得} 諦囉嘿咻囉嘿咻輪_{口作聲} 薩縛_{音機} 薩怛
_{부야마시나모사도 데라묵신라묵신맘_{猛平聲閉} 살바 살다}

嚩難吒薩嚩怛囉薩嚩婆喩叭唵囉費避瓢沙嚩賀南無三盤
바난타살바다라살바바유팔나라비피사바하나모삼반
陀沒多喃唵嘛哩唎吒娑訶
다몯다남옴마리즐망사하

高上玉皇心印妙經(一遍)
고상옥황심인묘경

上藥三品神與氣精恍恍惚惚杳杳冥冥存無守有頃刻而成
상약삼품신여기정황황홀홀묘묘명명존무수유경각이성

迴風混合百日功靈默朝
회풍혼합백일공령묵조

上帝一紀飛昇知者易悟昧者難行踐履天光呼吸育清出玄
상제일기비승지자이오매자난행천리천광호흡육청출현

入牝若亡若存綿綿不絶固蒂深根人各有精精合其神神合
입빈약망약존면면불절고체심근인각유정정합기신신합

其氣氣合體眞不得其眞皆是强名神能入石神能飛形入水
기기기합체진불득기진개시강명신능입석신능비형입수

不溺入火不焚神依形生精依氣盈不凋不殘松柏青青三品
불익입화불분신의형생정의기영불조불잔송백청청삼품

一理妙不可聽其聚則有其散則零七竅相通竅竅光明聖日
일리묘불가청기취칙유기산칙령칠규상통규규광명성일

聖月照耀金庭一得永得自然身輕太和充溢骨散寒瓊得丹
성월조요금정일득영득자연신경태화충일골산한경득단

則靈不得則傾丹在身中匪白匪青誦持萬遍妙理自明
칙령불득칙경단재신중비백비청송지만편묘리자명

㊉諸法子我今更示爾等道祖除魔心呪以爲天仙金丹符券至
제법자아금갱시이등도조제마심주이위천선금단부권지

心恒持無量功德不可思議
심항지무량공덕불가사의

三五雷霆正一玄宗道爲法本法滅魔情內魔旣蕩外魔亡形
삼오뢰정정일현종도위법본법멸마정내마기탕외마망형

靈根合一霽月會空天罡在戌祖炁羅胸默朝帝座靜悟無生
령근합일제월회공천강재수조기라흉묵조제좌정오무생

至微至奧無盡無窮爽靈胎光幽精黃庭泥丸有電遍照洪濛

一切魔魅永化塵風九陽運化永保離宮吾奉

純陽道祖萬正紫極眞人勅令

大衆同持

㊗ 化孚佑上帝純陽呂祖天師心經（一遍）

呂祖曰天生萬物惟人最靈匪人能靈實心是靈心爲主宰一

身之君役使百骸區處羣情物無其物形無其形稟受於天良

知良能氣狗欲蔽日失其眞此心旣失此身亦傾欲善其身先

治其心治心如何卽心治心

以老老心治不孝心
以誠恪心治不信心
以淸介心治無廉心
以利濟心治殘賤心
以謙遜心治傲慢心
以勤愼心治怠忽心
以和平心治忿恚心

以長長心治不悌心
以恭敬心治無禮心
以自愛心治無恥心
以匡扶心治傾陷心
以損抑心治盈滿心
以坦夷心治危險心
以寬洪心治褊窄心

以委致心治不忠心
以循理心治無義心
以積德心治爲惡心
以仁慈心治暴戾心
以儉約心治驕奢心
以忠厚心治刻薄心
以傷身心治沈湎心

以妻女心治姦淫心以果報心治謀奪心以禍患心治鬪狠心
以正教心治異端心以至信心治大疑心以悠久心治無恒心
以始終心治反覆心以施與心治慳吝心以自然心治勉強心
以安分心治非望心以順受心治怨尤心以推誠心治猜忌心
以鎮定心治搖惑心以中正心治偏袒心以大體心治細務心
嗟乎人心不治不純如彼亂絲不理不淸如彼古鏡不磨不明
如彼劣馬不勒不馴我故說經欲治人心人心得治天地淸寧

偈曰

一切惟心心最危
천심즉재인심견
天心卽在人心見　人合天心天弗違
범천위지발광휘
天圍地發光輝

㊗ 法子我今更示爾等道祖無極上咒以爲天仙金丹符券至
심항지무량공덕불가사의주왈
心恒持無量功德不可思議咒曰
건곤호탕일월광영삼태랑조응지안정옥도사상려성진군
乾坤浩蕩日月光盈三台朗照應地安貞玉都師相呂聖眞君
대자대민대덕대인십방삼계류도사생우연사화유감필령
大慈大憫大德大仁十方三界六道四生遇緣斯化有感必靈
천신공위위장수행대재급난영화미진선종현교요고등금
天神拱衛威將隨行大災急難永化微塵仙宗玄敎耀古騰今
태허무극취상성형위존도도존호지도혜거상명
太虛無極聚象成形口口存道存道道存存乎至道慧炬常明

邪魔遠遁災障無侵修持匪懈道果圓成急急如

天仙肇派純陽道祖律令

大眾同持

無極至道冲虛太妙金玉玄經（二遍）

大道無名不可言思總之曰妙妙妙妙難窺象之曰玄玄玄難知

一關洞啓萬理咸歸見淺見深各以意為鼎爐水火徒費許詞

抽添進退見亦旁歧玄關妙竅一心具之心眞無妄心正無欹

心空無物心實無倚四大假合心以心迷一元自運心以心治

先天一炁以體合之窅窅太虛在初生時形與氣合是分兩儀
五行備具運轉無違至道無象至心無爲以心合道氣精神機
如天垂象運乎四時如帝端拱化乎郊坼水木同華金水交資
火水既濟木火齊輝金木雜揉火金鑪錘顛倒五行塡補坎離
伏息氣中功始築基凝神氣母志湊單微雪霽六出天花亂飛
明月一輪清水一池霹靂一聲莫知誰爲不先不後不疾不遲
非無非有去智歸癡冥冥默默心與天期以滅爲生神動天隨
再出再入白鶴玄龜伐毛洗髓脫盡膚肌身有衆妙從欲以施

煮汞削雪攸往咸宜返虛入渾歸證天墀以斯言道玄妙可思
자홍삭설유왕함의반허입혼귀증천지이사언도현묘가사

以空求妙妙在茲以妙祭玄玄玄可幾靈台一點歸有餘師
이공구묘묘재자이묘참현현현가기령태일점귀유여사

諸法子當如我道門南北兩宗皆由
제법자당여아도문남북양종개유

純陽妙道大天尊垂慈開啓天仙法派廣化普傳今日時節因
순양묘도대천존수자개계천선법파광화보전금일시절인

緣三壇圓滿當知
연삼단원만당지

飛雨妙化天尊皆來輔弼
비우묘화천존개래보필

呂帝左右證知爾等前劫福深現生障淺得入玄門堪超碧落
려제좌우증지이등전겁복심현생장천득입현문감초벽락

所以重宣秘咒兩啓金經無非仰祈我
소이중선비주양계금경무비앙기아

純陽道祖妙道大天尊默錫靈丹普垂慧照俾人人克堅道念
令個個永固眞基戒德完成戒光朗澈戒體清淨戒珠圓明宏
開道派宗風足稱全眞正敎
諸法子皈依道兩足尊皈依經離欲尊皈依師衆中尊皈依道
竟皈依經竟皈依師竟
大衆同聲宣揚寶誥
玉清內相金闕選仙化身爲三敎之師掌法判五雷之令黃梁
夢覺忘世上之功名寶劍光騰掃人間之妖怪四生六道有感

必孚三界十方有求必應黃鶴樓中留聖蹟玉虛殿內煉丹砂
存芝像於山崖顯仙踪於雲洞闡法門之香火作玄嗣之梯航
大聖大慈大仁大孝開山啓教元應祖師天雷上相靈寶眞人
純陽演正警化
孚佑帝君興行妙道天尊

三皈依如科律

附錄 (二) 부록

三壇圓滿天仙大戒略說
삼단원만천선대계략설

(原初刊本)
원초간본

重刊道藏輯要

三壇圓滿天仙大戒略說

開玄闡秘宏教眞君栁守元撰

登壇儀文如科律

正座唱言諸法子等旣受初眞戒律中極靈文更須知有無上妙門飛昇寶筏曰天仙大戒往古聖眞莫不由此以登碧漢深契天心秘合元始若能神志皈誠棲眞大道頓入無極直超名相在塵寰中脫然無染如日月光明如江河浩渺如風雲輕便如天地奠安是謂戒無不戒戒乃戒無所戒戒乃爲眞戒久久持行同乎自然泯於迹象入元始珠得大羅果形神俱妙與

道合真昔有遞傳

元始天尊說天仙無極大戒曰

爾時

元始天尊在寶華林中九蓮座上與諸天聖眾及諸天龍鬼神說無始妙道時座中有一真人名曰無戒從座中起願作禮執簡長跪上白

天尊曰自開化以來未曾聞此妙道今聆慈音肺腑清涼大生解悟但學道之士戒行修持初真中極皆有可聞獨於天仙大戒曾未聞說未知有何道法臻此地位惟望

天尊大聖為眾宣說此妙戒

天尊曰汝大因緣當得聞此汝宜復座靜默安神吾當為汝說此妙戒

天尊曰道無二上仙有九品一曰混元無始金仙一曰洞元太初金仙一曰靈元造化真仙人世修證則有天仙地仙水仙神仙人仙鬼仙及諸旁門異類凡有性靈莫不成真無始之始太初之初無戒可戒無律可律自造化淘鎔陰陽闔闢清濁立判動靜應機金丹之妙實由此基功深九轉天關高躋是名上仙何戒何持然人每由情慾相交登真無路終始迷昧不能解脫有志之士須破此塵網敬誠學道斷諸邪障清淨六根當由初

眞中極戒律謹愼修行至天仙大戒心地光明德充道極無戒可說無律可持汝今既問當爲汝說

偈曰

眞心清靜道爲宗　譬彼中天寶月同

淨掃迷雲無點翳　一輪光滿太虛空

諸法子一切氣質習染是迷雲翳性一切殺盜淫妄是迷雲翳性一切貪嗔癡愛是迷雲翳性乃至一念二時不知不覺是迷雲翳性乃至著於有求斷於無法是迷雲翳性乃至著境著念著心是迷雲翳性端須廓然稱量得大總持妙相圓明光逾慧日是曰金丹是曰玄宰是曰天仙大道妙合佛乘彼世人以禪

為空靈陰而不陽是未知真禪之道五陰淨盡亦猶世禪和自
昧其宗輒斥道門為守屍鬼妄引楞嚴十種外道為修道法門
豈知三清妙法渾合禪玄萬聖萬真祗此一事諸法子你道這
事是甚麼事是身心非身心是性命非性命是功修非功修還
言道斷惟證乃知圓滿菩提真無所得賴我

三清道祖

玉帝至尊

五老四御

九極十華以及

古聖高真遞傳妙道肇啟我天仙大戒

東華始祖

正陽帝師幸逮

天仙初祖孚佑帝君得啟南北宗派南五宗顯神通於得道之後其始實刻苦功修北七宗打塵勞於成道之日其志自始終無懈成就歸宿各有遲速頓漸支流派演無須別戶分門近來出家者多出塵者少煌煌羽士巍巍玄門非特奧秘難窺亦且修持無路我

天仙初祖孚佑帝君屢荷

三清法勅普濟塵寰千計垂慈百方接引今特命予將天仙大戒秘旨傳示人間以作三壇圓滿功德諸法子一志凝神諦聽

昔元始天尊說無上內秘真藏經云汝等四眾勤行道戒積漸累功證成道果一切法悉是戒行又曰汝等勤行教化依此大乘勿生異想即是方便得入大慧法門功德自在得自不生不滅能度眾生滅煩惱業

洞玄靈寶業報因緣經太上道君言始自發心終於極果念念不捨持戒不犯上清有三百觀身戒洞神有七百二十戒玄都律文天尊有千二百威儀戒

太上虛皇四十九章經云齋戒者道之根本法之津梁子欲學道清齋奉戒念念正真邪妄自泯〇又云割嗜欲根入清淨境

天仙大戒

無作諸苦無造諸惡無生諸見無起諸邪。又云學道之士以清淨為本長齋耿思嘯歌太無觀諸邪道如觀仇讎遠諸愛慾如避臭穢除苦惱根斷情愛緣溟溟濁海自得淨戒如白蓮花生淤泥中亭亭出水不受污染五臟清夷三田華素

太玄真人自與子隣又六根不淨當洗其心心不受垢自無諸穢

洞玄靈寶因緣經云自三清以下乃至十方上聖真仙皆由戒得。又云眾生飲酒食肉致生病惱彌益罪根更有

洞玄靈寶三元無量壽經諸法子皈命皈神諦聽諦聽爾時

太上道君於三元宮中大會說法眾內有一真人名曰儀可則

智力無畏從座而起雅步前跪謹論請訣不審一切諸法從何
而生既得生已云何觀行而得成道作是語已儼然而立
太上道君撫几微笑曰夫三界諸法皆從道生若欲求道當修
觀慧觀慧增益漸至常道常道無邊行亦非一子欲知之當一
心聽有數十事不可稱量何謂為數十事一者智慧遠身行法
不可稱量二者慈悲遠身行法
不可稱量三者含忍遠身行法
不可稱量四者行功遠身行法
不可稱量五者修心遠身行法
不可稱量六者善業遠身行法
不可稱量七者精進遠身行法
不可稱量八者飾身遠身行法
不可稱量九者遣情遠身行法
不可稱量十者普心遠身行法
不可稱量是為十種遠身行法

太上曰復有十種離口過法不可稱量何等為十種離口過法

一者智慧離口過法不可稱量

二者慈悲離口過法不可稱量

三者含忍離口過法不可稱量

四者行功離口過法不可稱量

五者修心離口過法不可稱量

六者善業離口過法不可稱量

七者精進離口過法不可稱量

八者飾身離口過法不可稱量

九者遣情離口過法不可稱量

十者普心離口過法不可稱量

是為十種離口過法

太上曰復有十種除惡想法不可稱量何等為十種除惡想法

一者智慧除惡想法不可稱量

二者慈悲除惡想法不可稱量

三者含忍除惡想法不可稱量

四者行功除惡想法不可稱量

五者修心除惡想法不可稱量六者善業除惡想法不可稱量
七者精進除惡想法不可稱量八者飾身除惡想法不可稱量
九者遣情除惡想法不可稱量十者普心除惡想法不可稱量
是爲十種除惡想法
太上曰復有十種拔逮根法何等爲十種拔逮根法
一者智慧拔逮根法不可稱量二者慈悲拔逮根法不可稱量
三者含忍拔逮根法不可稱量四者行功拔逮根法不可稱量
五者修心拔逮根法不可稱量六者善業拔逮根法不可稱量
七者精進拔逮根法不可稱量八者飾身拔逮根法不可稱量
九者遣情拔逮根法不可稱量十者普心拔逮根法不可稱量

是為十種拔逮根法

太上曰復有十種絕聲色法不可稱量何等為十種絕聲色法

一者智慧絕聲色法不可稱量

二者慈悲絕聲色法不可稱量

三者含忍絕聲色法不可稱量

四者行功絕聲色法不可稱量

五者修心絕聲色法不可稱量

六者善業絕聲色法不可稱量

七者精進絕聲色法不可稱量

八者飾身絕聲色法不可稱量

九者遣情絕聲色法不可稱量

十者普心絕聲色法不可稱量

是為十種絕聲色法

太上曰復有十種儉愛欲法不可稱量何等為十種儉愛欲法

一者智慧儉愛欲法不可稱量

二者慈悲儉愛欲法不可稱量

三者含忍儉愛欲法不可稱量四者行功儉愛欲法不可稱量

五者修心儉愛欲法不可稱量六者善業儉愛欲法不可稱量

七者精進儉愛欲法不可稱量八者飾身儉愛欲法不可稱量

九者遣情儉愛欲法不可稱量十者普心儉愛欲法不可稱量

是為十種儉愛欲法

太上曰復有十種放翫習法不可稱量何等為十種放翫習法

一者智慧放翫習法不可稱量二者慈悲放翫習法不可稱量

三者含忍放翫習法不可稱量四者行功放翫習法不可稱量

五者修心放翫習法不可稱量六者善業放翫習法不可稱量

七者精進放翫習法不可稱量八者飾身放翫習法不可稱量

九者道情放觀習法不可稱量十者普心放觀習法不可稱量

是為十種放觀習法

太上曰復有十種洗垢穢法不可稱量何等為十種洗垢穢法

一者智慧洗垢穢法不可稱量二者慈悲洗垢穢法不可稱量

三者含忍洗垢穢法不可稱量四者行功洗垢穢法不可稱量

五者修心洗垢穢法不可稱量六者善業洗垢穢法不可稱量

七者精進洗垢穢法不可稱量八者飾身洗垢穢法不可稱量

九者道情洗垢穢法不可稱量十者普心洗垢穢法不可稱量

是為十種洗垢穢法

太上曰復有十種無昏惑法不可稱量何等為十種無昏惑法

一者智慧無昏惑法不可稱量二者慈悲無昏惑法不可稱量
三者含忍無昏惑法不可稱量四者行功無昏惑法不可稱量
五者修心無昏惑法不可稱量六者善業無昏惑法不可稱量
七者精進無昏惑法不可稱量八者飾身無昏惑法不可稱量
九者遣情無昏惑法不可稱量十者普心無昏惑法不可稱量
是為十種無昏惑法
太上曰復有十種不淫想法不可稱量何等為十種不淫想法
一者智慧不淫想法不可稱量二者慈悲不淫想法不可稱量
三者含忍不淫想法不可稱量四者行功不淫想法不可稱量
五者修心不淫想法不可稱量六者善業不淫想法不可稱量

七者精進不淫想法不可稱量八者飾身不淫想法不可稱量
九者遣情不淫想法不可稱量十者普心不淫想法不可稱量
是爲十種不淫想法
太上曰復有十種不疑空法何等爲十種不疑空法
一者智慧不疑空法不可稱量二者慈悲不疑空法不可稱量
三者含忍不疑空法不可稱量四者行功不疑空法不可稱量
五者修心不疑空法不可稱量六者善業不疑空法不可稱量
七者精進不疑空法不可稱量八者飾身不疑空法不可稱量
九者遣情不疑空法不可稱量十者普心不疑空法不可稱量
是爲十種不疑空法

太上曰復有十種平好醜法不可稱量何等為十種平好醜法

一者智慧平好醜法不可稱量

二者慈悲平好醜法不可稱量

三者含忍平好醜法不可稱量

四者行功平好醜法不可稱量

五者修心平好醜法不可稱量

六者善業平好醜法不可稱量

七者精進平好醜法不可稱量

八者飾身平好醜法不可稱量

九者遣情平好醜法不可稱量

十者普心平好醜法不可稱量

是為十種平好醜法

太上曰復有十種不邪還法不可稱量何等為十種不邪還法

一者智慧不邪還法不可稱量

二者慈悲不邪還法不可稱量

三者含忍不邪還法不可稱量

四者行功不邪還法不可稱量

五者修心不邪邊法不可稱量六者善業不邪邊法不可稱量
七者精進不邪邊法不可稱量八者飾身不邪邊法不可稱量
九者遣情不邪邊法不可稱量十者普心不邪邊法不可稱量
是為十種不邪邊法
太上曰復有十種常住無法不可稱量何等為十種常住無法
一者智慧常住無法不可稱量二者慈悲常住無法不可稱量
三者含忍常住無法不可稱量四者行功常住無法不可稱量
五者修心常住無法不可稱量六者善業常住無法不可稱量
七者精進常住無法不可稱量八者飾身常住無法不可稱量
九者遣情常住無法不可稱量十者普心常住無法不可稱量

是爲十種常住無法

太上曰復有十種絕心想法何等爲十種絕心想法

一者智慧絕心想法不可稱量

二者慈悲絕心想法不可稱量

三者含忍絕心想法不可稱量

四者行功絕心想法不可稱量

五者修心絕心想法不可稱量

六者善業絕心想法不可稱量

七者精進絕心想法不可稱量

八者飾身絕心想法不可稱量

九者遣情絕心想法不可稱量

十者普心絕心想法不可稱量

是爲十種絕心想法

太上曰復有十種習悉意法何等爲十種習悉意法

一者智慧習悉意法不可稱量

二者慈悲習悉意法不可稱量

三者含忍習悉意法不可稱量四者行功習悉意法不可稱量
五者修心習悉意法不可稱量六者善業習悉意法不可稱量
七者精進習悉意法不可稱量八者善業習悉意法不可稱量
九者遣情習悉意法不可稱量十者普心習悉意法不可稱量
是爲十種習悉意法
太上曰復有十種善防言法不可稱量何等爲十種善防言法
一者智慧善防言法不可稱量二者慈悲善防言法不可稱量
三者含忍善防言法不可稱量四者行功善防言法不可稱量
五者修心善防言法不可稱量六者善業善防言法不可稱量
七者精進善防言法不可稱量八者飾身善防言法不可稱量

九者遣情善防言法不可稱量十者普心善防言法不可稱量

是為十種善防言法。

太上曰復有十種不亂轉法

一者智慧不亂轉法不可稱量二者慈悲不亂轉法不可稱量

三者含忍不亂轉法不可稱量四者行功不亂轉法不可稱量

五者修心不亂轉法不可稱量六者善業不亂轉法不可稱量

七者精進不亂轉法不可稱量八者飾身不亂轉法不可稱量

九者遣情不亂轉法不可稱量十者普心不亂轉法不可稱量

是為十種不亂轉法。

太上曰復有十種不悟念法不可稱量何等為十種不悟念法

一者智慧不悟念法不可稱量二者慈悲不悟念法不可稱量
三者含忍不悟念法不可稱量四者行功不悟念法不可稱量
五者修心不悟念法不可稱量六者善業不悟念法不可稱量
七者精進不悟念法不可稱量八者善業不悟念法不可稱量
九者遣情不悟念法不可稱量十者普心不悟念法不可稱量
是爲十種不悟念法
太上曰復有十種不彼念法不可稱量何等爲十種不彼念法
一者智慧不彼念法不可稱量二者慈悲不彼念法不可稱量
三者含忍不彼念法不可稱量四者行功不彼念法不可稱量
五者修心不彼念法不可稱量六者善業不彼念法不可稱量

七者精進不彼念法不可稱量八者飾身不彼念法不可稱量九者遣情不彼念法不可稱量十者普心不彼念法不可稱量
是為十種不彼念法
太上曰復有十種不悠想法不可稱量何等為十種不悠想法
一者智慧不悠想法不可稱量二者慈悲不悠想法不可稱量三者含忍不悠想法不可稱量四者行功不悠想法不可稱量五者修心不悠想法不可稱量六者善業不悠想法不可稱量七者精進不悠想法不可稱量八者飾身不悠想法不可稱量九者遣情不悠想法不可稱量十者普心不悠想法不可稱量
是為十種不悠想法

太上曰復有十種無常定法不可稱量何等為十種無常定法
一者智慧無常定法不可稱量
二者慈悲無常定法不可稱量
三者含忍無常定法不可稱量
四者行功無常定法不可稱量
五者修心無常定法不可稱量
六者善業無常定法不可稱量
七者精進無常定法不可稱量
八者飾身無常定法不可稱量
九者遣情無常定法不可稱量
十者普心無常定法不可稱量
是為十種無常定法

太上曰復有十種無常的法不可稱量何等為十種無常的法
一者智慧無常的法不可稱量
二者慈悲無常的法不可稱量
三者含忍無常的法不可稱量四者行功無常的法不可稱量

五者修心無常的法不可稱量六者善業無常的法不可稱量
七者精進無常的法不可稱量八者飾身無常的法不可稱量
九者遣情無常的法不可稱量十者普心無常的法不可稱量
是為十種無常的法
太上曰復有十種無常顧法何等為十種無常顧法
一者智慧無常顧法不可稱量二者慈悲無常顧法不可稱量
三者含忍無常顧法不可稱量四者行功無常顧法不可稱量
五者修心無常顧法不可稱量六者善業無常顧法不可稱量
七者精進無常顧法不可稱量八者飾身無常顧法不可稱量
九者遣情無常顧法不可稱量十者普心無常顧法不可稱量

是為十種無常顧法

太上曰復有十種不追懷法何等為十種不追懷法

一者智慧不追懷法不可稱量二者慈悲不可稱量

三者含忍不追懷法不可稱量四者行功不追懷法不可稱量

五者修心不追懷法不可稱量六者善業不可稱量

七者精進不追懷法不可稱量八者飾身不追懷法不可稱量

九者遣情不追懷法不可稱量十者普心不追懷法不可稱量

是為十種不追懷法

太上曰復有十種無猶豫法何等為十種無猶豫法

一者智慧無猶豫法不可稱量二者慈悲無猶豫法不可稱量

三者含忍無猶豫法不可稱量四者行功無猶豫法不可稱量
五者修心無猶豫法不可稱量六者善業無猶豫法不可稱量
七者精進無猶豫法不可稱量八者飾身無猶豫法不可稱量
九者遣情無猶豫法不可稱量十者普心無猶豫法不可稱量
是為十種無猶豫法
太上曰復有十種忍法不可稱量何等為十種忍不可
忍法一者智慧忍不可忍法不可稱量二者慈悲忍不可
忍法三者含忍不可忍法不可稱量四者行功忍不可
忍法不可稱量五者修心忍不可忍法不可稱量六者善業忍
不可忍法不可稱量七者精進忍不可忍法不可稱量八者飾

身忍不可忍法不可稱量九者遣情忍不可忍法不可稱量十
者普心忍不可忍法不可稱量是為十種忍不可忍法
道言夫洞玄經者蓋天地之源道德之宗上聖所尊貴鬼神所
畏伏其高則出九天之上其深則通九地之下千變萬化道盡
於此若復有人能於此經受持讀誦心無懈怠卽得生無量
慧增無量善因滅無量業障消無量煩惱延無量壽算長無量
福田世世歡榮生生快樂恆須恭敬抄寫流傳利益眾生是為
無量眞人聞說信受奉行
太上十二品法輪勸戒經云受眞戒者使戒根牢固如玄都山
戒相端嚴如玉京殿戒德光明如琉璃珠

洞玄靈寶千眞科戒云靜思入定降伏外魔名爲淨戒又云棄色斷情長齋持戒

靈寶元陽妙經云有持清淨法戒者到得眞道

玉皇本行集經云奉戒專一冥心大道清齋宏誓千萬劫中

又云但能清淨持戒專一並能修齋護持淨戒者是人功德坦然無礙自在逍遙號人中聖德慧常新

又云碧玉眞宮大戒規云一戒曰不殺微命二戒曰不起淫意三戒曰不生諍念四戒曰不盜五戒曰不欺一愚六戒曰敦行盡力七戒曰語言無妄八戒曰千魔不轉九戒曰宏發願力十戒曰事聖不倦又曰上乘惟一道捨此難成覺七百二十門要

天仙大戒

戒律訣文經云志學之士急務修齋以齋心守戒為主外來曰動內住曰寂來不驚寂去不勞動而不勞寂而不驚不疑動也寂照明徹故無驚疑無驚疑者常樂常住住無所住為而無為為道之最又曰變化無窮由悟守一守一須資唯戒為急持之不虧邪不得入自然混合與道同真由戒入道

故謂之門

太微靈書紫文仙真忌記上經云人雖有仙相宜切戒者有數條而其中犯而必敗者曰淫魄液外漏精光枯竭神焦魄散曰酒魄忘本室魄遊怨宅曰勿食肉食則神不守真魄生邪勃曰勿殺生以罪求仙仙不可得

靈寶大乘妙法蓮華真經內云學道之本當戒七傷而尤要者有四一則帶真行偽淫色喪神魂液洩漏精光枯乾一則飲酒一則損氣喪靈一則噉肉鼁氣充於臟腑 又云學道者要在行合冥科然後始涉大道之境

孚佑帝君十戒功過格一曰戒殺二曰戒盜三曰戒淫四曰戒惡口五曰戒兩舌六曰戒綺語七曰戒妄八曰戒貪九曰戒瞋十曰戒癡以上數條粗說戒相若詳言之三洞真文內天仙大戒窮劫說之亦不能盡今卽

玉光普照天尊碧玉真宮大戒問於汝等諸法子聽受戒規端在立志志在精勤一真不懈志在堅確萬有難惑

天仙大戒

上帝云受戒者不殺徵命是教爾等發慈憫心千戒萬戒無非
圓滿這個慈憫心諸法子何以具有此心須要自今以始迄無
量劫世界有盡我此慈憫心量無盡此無量心能持否眾白盡
形壽命常持此心依教奉行

上帝云受戒者不起淫意是教爾等發潔白心千戒萬戒無非
圓滿這個潔白心諸法子何以具有此心須要自今以始迄無
量劫世界有盡我此潔白心量無盡此無量心能持否眾白盡
形壽命常持此心依教奉行

上帝云受戒者不生諍念是教爾等發忍辱心千戒萬戒無非
圓滿這個忍辱心諸法子何以具有此心須要自今以始迄無

量劫世界有盡我此忍辱心量無盡此無量心能持否眾白盡

形壽命常持此心依教奉行

上帝云受戒者不盜一芥是教爾等發明淨心千戒萬戒無非

圓滿這個明淨心諸法子何以具有此心須要自今以始迄無

量劫世界有盡我此明淨心量無盡此無量心能持否眾白盡

形壽命常持此心依教奉行

上帝云受戒者不欺一愚是教爾等發真實心千戒萬戒無非

圓滿這個真實心諸法子何以具有此心須要自今以始迄無

量劫世界有盡我此真實心量無盡此無量心能持否眾白盡

形壽命常持此心依教奉行

上帝云受戒者敦行盡力是教爾等發報本心千戒萬戒無非
圓滿這個報本心諸法子何以具有此心須要自今以始迄無
量劫世界有盡我此報本心量無盡此無量心能持否眾白盡
形壽命常持此心依教奉行
上帝云受戒者語言無妄是教爾等發誠一心千戒萬戒無非
圓滿這個誠一心諸法子何以具有此心須要自今以始迄無
量劫世界有盡我此誠一心量無盡此無量心能持否眾白盡
形壽命常持此心依教奉行
上帝云受戒者千魔不轉是教爾等發堅固心千戒萬戒無非
圓滿這個堅固心諸法子何以具有此心須要自今以始迄無

量劫世界有盡我此堅固心量無盡此無量心能持否眾白盡
形壽命常持此心依教奉行
上帝云受戒者宏發願力是教爾等發廣大心千戒萬戒無非
圓滿這個廣大心諸法子何以具有此心須要自今以迄無
量劫世界有盡我此廣大心量無盡此無量心能持否眾白盡
形壽命常持此心依教奉行
上帝云受戒者事聖不倦是教爾等發精進心千戒萬戒無非
圓滿這個精進心諸法子何以具有此心須要自今以迄無
量劫世界有盡我此精進心量無盡此無量心能持否眾白盡
形壽命常持此心依教奉行

諸法子能持此心戒可得受今示爾等天皇密咒以爲天仙證
果符券至心恆持無量功德不可思議咒曰
天生雲龍道本上昇張烈正氣麗於太清輔彌正道行於正平
六甲洞元九天超形福祿子孫先行自眞次及人皇人敬長生
六丁九炁秘密眞成敬之終吉昊天貴名久之道妙身體常充
聞此眞句與道合眞急急如
元始天尊律令
大眾同持
太上常清常靜眞經一遍
太上曰大道無形生育天地大道無情運行日月大道無名長

養萬物吾不知其名強名曰道夫道者有清有濁有動有靜天清地濁天動地靜男清女濁男動女靜降本流末而生萬物清者濁之源動者靜之基人能常清靜天地悉皆歸夫人神好清而心擾之人心好靜而欲牽之常能遣其欲而心自靜澄其心而神自清自然六欲不生三毒消滅所以不能者為心未澄欲未遣也能遣之者內觀其心心無其心外觀其形無其形遠觀其物物無其物三者既悟惟見於空觀空亦空空無所空既無無亦無無無既無湛然常寂寂無所寂欲豈能生欲既不生即是真靜真常應物真常得性常應常靜常清靜矣如是清靜漸入真道既入真道名為得道雖名得道實無所得為

化眾生名為得道能悟之者可傳聖道

老君曰上士無爭下士好爭上德不德下德執德執著之者不

名道德眾生所以不得真道者為有妄心既有妄心即驚其神

既驚其神即著萬物既著萬物即生貪求既生貪求即是煩惱

煩惱妄想憂苦身心便遭濁辱流浪生死常沈苦海永失真道

真常之道悟者自得得悟道者常清靜矣

諸法子我今更示爾等

北斗玄靈心咒以為天仙金丹待勞至心恆持無量功德不可

思議

咒曰

南無囉怛哪怛囉夜耶怛你野他（音拖）曷伽嘛噪（西音束）嘛伽嘛噪阿陀嘛噪支（音叭）囉嘛噪摩訶支叭囉嘛噪俺怛陀哪嘛噪嘛哩支耶嘛噪南無沙都（音尊）諦囉嘿哂囉嘿俺怛陀哪嘛噪嘛哩嚩難吒薩嚩怛囉薩嚩婆喻叭唠囉嘿哂鈴（猛平聲即口作聲）薩嚩（音禰）薩怛陀沒多喃俺嘛哩喞哮娑訶

大眾同持

高上玉皇心印妙經一遍

上藥三品神與氣精恍恍惚惚杳杳冥冥存無守有頃刻而成

迴風混合百日功靈默朝

上帝一紀飛昇知者易悟昧者難行踐履天光呼吸育清出玄

入牝若亡若存綿綿不絕固蔕深根人各有精精合其神神合
其氣氣合體真不得其真皆是強名神能入石神能飛形入水
不溺入火不焚神依形生精依氣盈不凋不殘松柏青青三品
一理妙不可聽其聚則有其散則零七竅相通竅竅光明聖日
聖月照耀金庭一得永得自然身輕太和充溢骨散寒瓊得丹
則靈不得則傾丹在身中匪白匪青誦持萬遍妙理自明
諸法子我今更示爾等道祖除魔心咒以為天仙金丹符券至
心恆持無量功德不可思議
三五雷霆正一玄宗道為法本法滅魔情內魔既蕩外魔亡形
靈根合一霝月會空天罡在戌祖炁羅胸默朝帝座靜悟無生

至微至奧無盡無窮爽靈胎光幽精黃庭泥丸有電遍照洪濛

一切魔魅永化塵風九陽運化永保離宮吾奉

純陽道祖萬正紫極真人勅令

大眾同持

警化孚佑上帝純陽呂祖天師心經一遍

呂祖曰天生萬物惟人最靈匪人能靈寶心是靈心為主宰一身之君役使百骸區處羣情物無其物形無其形稟受於天

知良能氣拘欲蔽日失其真此心既失此身亦傾欲善其身先治其心治心如何卽心治以老老心治以長長心治以孝孝心治以忠心治以信心治以恭敬心治不悌心以委致心治不誠恪心治

無禮心以循理心治無義心以清介心以自愛心治
無恥心以積德心治為惡心以利濟心治殘賤心以匡扶心治
傾陷心以仁慈心治暴戾心以謙遜心治傲慢心以損抑心治
盈滿心以儉約心治驕奢心以勤慎心治怠忽心以坦夷心治
危險心以忠厚心治刻薄心以和平心治忿恚心以寬洪心治
褊窄心以傷身心治沈湎心以妻女心治姦淫心以果報心治
謀奪心以禍患心治鬪狠心以正教心治異端心以至信心治
大疑心以悠久心治無恆心以始終心治反覆心以施與心治
慳吝心以自然心治勉強心以安分心治非望心以順受心治
怨尤心以推誠心治猜忌心以鎮定心治搖惑心以中正心治

偏祖心以大體心治細務心嗟乎人心不治不純如彼亂絲不理不清如彼古鏡不磨不明如彼劣馬不勒不馴我故說經欲治人心人心得治天地清寧

偈曰

一切惟心心最危　範天圍地發光輝

天心即在人心見　人合天心天弗違

諸法子我今更示爾等道祖無極上咒以為天仙金丹符劵至心恆持無量功德不可思議咒曰

乾坤浩蕩日月光盈三台朗照應地安貞玉都師相昌聖眞君

大慈大憫大德大仁十方三界六道四生遇緣斯化有感必靈

天神拱衛威將隨行大災急難永化微塵仙宗玄教耀古騰今

太虛無極聚象成形口口存道道存乎至道慧炬常明

邪魔遠遁災障無侵修持匪懈道果圓成急急如

天仙肇派純陽道祖律令

大眾同持

無極至道沖虛太妙金玉玄經一遍

大道無名不可言思總之曰妙妙妙難窺象之曰玄玄玄難知

一關洞啟萬理咸歸見淺見深各以意為鼎爐水火徒費許詞

抽添進退見亦旁歧玄關妙竅一心具之心眞無妄心正無欲

心空無物心實無倚四大假合心以心迷一元自運心以心治

先天一炁以體合之宥宥太虛在初生時形與氣合是分兩儀
五行備具運轉無違至道無象至心無為以心合道氣精神機
如天垂象運乎四時如帝端拱化乎郊圻水木同華金水交資
火水既濟木火齊輝金木雜揉火金鑪錘顛倒五行填補坎離
伏息氣中功始築基凝神氣母志湊單微雪霙六出天花亂飛
明月一輪清水一池霹靂一聲莫知誰為不先不後不疾不遲
非無非有去智歸癡冥冥默默心與天期以滅為生神動天隨
再出再入白鶴玄龜伐毛洗髓脫盡膚肌身有眾妙從欲以施
煮求削雪攸往咸宜返虛入渾歸證天埋以斯言道玄妙可思
以空求妙妙妙在茲以妙叅玄玄玄可幾靈台一點歸有餘師

諸法子當如我道門南北兩宗皆由
純陽妙道大天尊垂慈開啟天仙法派廣化普傳今日時節因
緣三壇圓滿當知
九天扶正帝君
飛雨妙化天尊皆來輔弼
昌帝左右證知爾等前劫福深現生障淺得入玄門堪超碧落
所以重宣秘咒兩啟金經無非仰祈我
純陽道祖妙道大天尊默錫靈丹普垂慧照俾人人克堅道念
令個個永固眞基戒德完成戒光明澈戒體清淨戒珠圓明宏
開道派宗風足稱全眞正教

諸法子皈依道兩足尊皈依經離欲尊皈依師眾中尊皈依道
竟皈依經竟皈依師竟
大眾同聲宣揚寶誥
玉清內相金闕選仙化身為三教之師掌法判五雷之令黃粱
夢覺忘世上之功名寶劍光騰掃人間之妖怪四生六道有感
必孚三界十方有求必應黃鶴樓中留聖蹟玉虛殿內煉丹砂
存芝像於山崖顯仙蹤於雲洞闡法門之香火作玄嗣之梯航
大聖大慈大仁大孝開山啟教元應祖師天雷上相靈寶眞人
純陽演正警化
孚佑帝君興行妙道天尊

天仙大戒

三皈依如科律

□ 編譯 : 묘자적화(妙自寂華) 허호정(許好廷)

· 1972. 4. 24. 경남 마산 출생
· 국민대학교 대학원 국어교육학과(국어교육학 석사)
· 일본어 번역 자격증 취득
· 틈틈이 학생들에게 어학(語學)을 지도하면서, 외단(外丹)이 수행(修行)에 끼치는 영향과 내단(內丹)의 양대(兩大) 계파(系派)의 차이점, 인간계(人間界) 모든 수행과 학문을 현관일규(玄關一竅)에 종착(終着)시키는 최고상승수련(最高上乘修鍊) 등에 흥미를 가져, 동양철학에 관하여 공부하고 있다.
· 2001. 辛巳 (음) 6. 初8. 太上功課經 翻譯 出版
· 2014. 甲午 (음) 6. 初8. 別冊 道門功課 7版 出版
· 2017. 丁酉 (음) 3. 初3. 別冊 道門功課 8版 出版
· 2017. 丁酉 (음) 3. 初3. 血書眞經 翻譯 出版
· 2017. 丁酉 (음) 6. 初6. 太上功課經 改訂版 出版

天仙大戒(천선대계)

발행 : 西紀 2017年 丁酉(陰) 12月 19日(立春吉日)

撰 : 宏教眞人(굉교진인) 柳守元(류수원)

譯 : 妙自寂華(묘자적화) 許好廷(허호정)

發行人 : 김재호(金在昊)
發行處 : 圖書出版 **Baikaltai House**
　　　　 ㊒ 07272
　　　　 서울 영등포구 선유로 107(양평동 1가)
　　　　 電話 : (02)2671-2306, (02)2635-2880
　　　　 Fax : (02)2635-2889
登錄番號 : 166-96-00448
登 錄 日 : 2017.3.13
定　　價 : 45,000원

ISBN 979-11-88423-04-0